Peter Ertl · Christian Sikora
Bilanzanalyse für Einsteiger

Peter Ertl · Christian Sikora

Bilanzanalyse für Einsteiger

Was ist wesentlich im Zahlenwust?

Bibliografische Information der Deutschen Nationalbibliothek
Die Deutsche Nationalbibliothek verzeichnet diese Publikation in der Deutschen
Nationalbibliografie; detaillierte bibliografische Daten sind im Internet über
http://dnb.d-nb.de abrufbar.

Das Werk ist urheberrechtlich geschützt. Alle Rechte, insbesondere die Rechte der
Verbreitung, der Vervielfältigung, der Übersetzung, des Nachdrucks und der Wiedergabe
auf fotomechanischem oder ähnlichem Wege, durch Fotokopie, Mikrofilm oder andere
elektronische Verfahren sowie der Speicherung in Datenverarbeitungsanlagen, bleiben,
auch bei nur auszugsweiser Verwertung, dem Verlag vorbehalten.

ISBN 978-3-7093-0501-0

Es wird darauf verwiesen, dass alle Angaben in diesem Werk trotz sorgfältiger Bearbeitung
ohne Gewähr erfolgen und eine Haftung der Autoren oder des Verlages ausgeschlossen ist.

Umschlag: buero8
Satz: Strobl, Satz·Grafik·Design, 2620 Neunkirchen

© LINDE VERLAG Ges.m.b.H., Wien 2013
1210 Wien, Scheydgasse 24, Tel.: 01/24 630
www.lindeverlag.at
www.lindeverlag.de
Druck: Druckerei Hans Jentzsch u Co. Gesellschaft m.b.H.
1210 Wien, Scheydgasse 31

INHALT

Vorwort 7
Abkürzungsverzeichnis 8

Kapitel 1: Grundlagen des Jahresabschlusses und der Bilanzanalyse 9
    1.1. Was versteht man unter einer Bilanzanalyse? 10
    1.2. Wer sind die Adressaten der Bilanzanalyse? 10
    1.3. Was sind die Ziele einer Bilanzanalyse? 11
    1.4. Probleme der Bilanzanalyse 12
    1.5. Was versteht man unter einem Jahresabschluss? 14

Kapitel 2: Der Jahresabschluss nach dem österreichischen Unternehmensgesetzbuch 17
    2.1. Wie ist die Erstellung gemäß UGB geregelt? 18
    2.2. Grundsätze der Buchführung gemäß UGB 19
    2.3. Die Bilanz gemäß UGB 22
    2.4. Die Gewinn-und-Verlustrechnung gemäß UGB 23

Kapitel 3: Der Jahresabschluss nach dem deutschen Handelsgesetzbuch 27
    3.1. Wie ist die Erstellung gemäß dHGB geregelt? 28
    3.2. Grundsätze der Buchführung gemäß dHGB 29
    3.3. Die Bilanz gemäß dHGB 31
    3.4. Die Gewinn-und-Verlustrechnung gemäß dHGB 32

Kapitel 4: Durchführung einer Jahresabschlussanalyse 35
    4.1. Erhebung der Basisdaten 36
    4.2. Aufbereitung der Daten 37
    4.3. Ermittlung der Analysewerte 44
    4.4. Beurteilung der Analysewerte und Ursachenanalyse 45

4.5. Ableiten von Maßnahmen auf Basis der Beurteilung und
Ursachenanalyse 46
4.6. Kontrolle der Ergebnisse der Maßnahmen 46

Kapitel 5: Ausgewählte Analysewerte der Bilanzanalyse 47
5.1. Cashflowkenngrößen. 48
5.2. Ergebniskenngrößen 52
5.3. Umsatzanalyse 58
5.4. Common Size Financial Statements und Intensitäten 61
5.5. Investitionsanalyse 71
5.6. Kennzahlen der operativen Effizienz. 74
5.7. Kennzahlen der operativen Rentabilität. 81
5.8. Statische Kennzahlen der kurzfristigen Liquidität 92
5.9. Statische Kennzahlen der langfristigen Liquidität 103
5.10. Dynamische Kennzahlen der Liquidität 110
5.11. Risikokennzahlen. 116
5.12. Das DuPont-Kennzahlensystem. 117

Weiterführende Literatur 121
Literaturverzeichnis. 122
Abbildungsverzeichnis 123
Tabellenverzeichnis. 124
Stichwortverzeichnis. 126

Vorwort

Die letzten Jahre haben zu einer massiven Veränderung in der Bedeutung der bisher verwendeten Kennzahlensysteme geführt. Stand bislang die Vermögens- und Ertragsanalyse im Fokus der steuerungsrelevanten Managementinstrumente, so hat die liquiditätsrelevante Eigen- und Fremdkapitalverknappung zu einem wesentlichen Umdenken beigetragen.

Bei genauerer Analyse vieler Jahresabschlüsse wurde erkennbar, dass langfristig gebundenes Vermögen weitgehend durch kurzfristig zur Verfügung gestelltes Fremdkapital finanziert war. Dieser Umstand war in der Vergangenheit jedoch in vielen Fällen von nicht sichtbarer Bedeutung, da die kurzfristig zur Verfügung gestellte Liquidität im Regelfall seitens der Kreditgeber von Jahr zu Jahr prolongiert wurde. Die im Zuge der Krise eingetretene Verknappung der geldmäßigen Ressourcen hat in vielen Bereichen die Notwendigkeit einer zielgerichteten, zukunftsorientierten Liquiditätsanalyse gezeigt und diese zu einem wesentlichen Steuerungsinstrument einer erfolgreichen Unternehmensführung gemacht.

Neben einer intensiven Auseinandersetzung mit der Struktur des gebundenen Vermögens auf der Aktivseite der Bilanz und deren fristgerechter Finanzierung auf der Passivseite, hat die Finanz- und Wirtschaftskrise auch zu bedeutenden Veränderungen innerhalb der Unternehmen beigetragen. So trägt ein aktives Working Capital Management nachhaltig zur Freisetzung wertvoller Liquiditätsreserven bei und kann darüber hinaus zu wesentlichen Effizienzsteigerungen führen. Die Optimierung des Working Capitals kann und wird somit zu einer langfristigen Reduktion gebundener Kapitalkosten führen und somit über die Verbesserung des Free Cashflows auch zu einer deutlichen Steigerung des Unternehmenswertes beitragen.

Das vorliegende Buch gibt im Wesentlichen einen Überblick über das derzeitige Kennzahleninstrumentarium, versucht aber auch, auf Grenzen und Risiken bei der Analyse nur singulärer Kennzahlen hinzuweisen.

Wien, im Februar 2013　　　　　　　　　　　　　Peter Ertl, Christian Sikora

Abkürzungsverzeichnis

Abs	Absatz
bzw	beziehungsweise
etc	et cetera
Nr	Nummer
vgl	vergleiche
Z	Ziffer
zB	zum Beispiel
GoB	Grundsätze ordnungsmäßiger Buchführung
UGB	Unternehmensgesetzbuch
dHGB	deutsches Handelsgesetzbuch
IFRS	International Financial Reporting Standards
ROIC	Return on Total Invested Capital
EBIT	Earnings before Interest and Taxes
EBITDA	Earnings before Interest and Taxes, depreciation and amortization
EBT	Earnings before Taxes
BilMoG	Bilanzmodernisierungsgesetz
BACH	Bank for the Accounts of Companies Harmonised
DRSC	Deutsches Rechnungslegungs Standards Comitee
DRS	Deutscher Rechnungslegungsstandard
IWP	Institut Österreichischer Wirtschaftsprüfer
NACE	Nomenclature statistique des activités économiques dans la Communauté européenne
ROI	Return on Investment
CCC	Cash Conversion Cycle

Kapitel 1

Grundlagen des Jahresabschlusses und der Bilanzanalyse

In der Bilanzanalyse werden Informationen des Jahresabschlusses zu einzelnen, unterschiedlichen Kennzahlen verdichtet, um Teilaspekte eines Unternehmens gesondert betrachten und bewerten zu können. Die Probleme dabei sind die Verfügbarkeit, Verlässlichkeit und Vergleichbarkeit der unternehmensspezifischen Daten des Jahresabschlusses, der sich aus zu erläuternden Komponenten zusammenfügt.

1.1. Was versteht man unter einer Bilanzanalyse?

Die Bilanzanalyse ist eine strukturierte Analyse des Jahresabschlusses, bestehend aus Bilanz, Gewinn-und-Verlustrechnung und Anhang. Entscheidend ist eine strukturierte und gleichartige Vorgehensweise, da die Interpretation der Ergebnisse im Wesentlichen durch internen oder externen Vergleich erzielt wird. Es sollen Aussagen über die wirtschaftliche Entwicklung, die derzeitige Finanz-, Vermögens- und Ertragssituation sowie über das zukünftige Potenzial, aber auch die Risiken des Unternehmens getroffen werden. Vereinfacht gesprochen werden die Informationen des Jahresabschlusses zu einzelnen Kennzahlen verdichtet, um eine Aussage über bestimmte Teilaspekte des Unternehmens zu treffen. Teilaspekte können zum Beispiel das Insolvenzrisiko, die Rentabilität oder die Finanzierungstruktur des Unternehmens sein.

1.2. Wer sind die Adressaten der Bilanzanalyse?

Jedes Unternehmen hat zahlreiche Interessensgruppen, die alle an der Entwicklung des Unternehmens in unterschiedlichem Ausmaß interessiert sind. Eine Einteilung in interne und externe Adressaten könnte wie folgt aussehen:

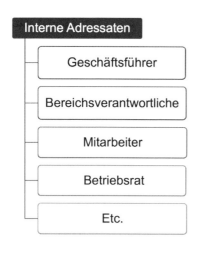 

Abbildung 1: Adressaten der Bilanzanalyse

Interne Adressaten sind in die täglichen Geschäfte des Unternehmens eingebunden, weshalb sie typischerweise einen höheren Grad an zusätzlichen Informationen zum Jahresabschluss haben oder ihnen die Informationen bereits früher zur Verfügung stehen. Externen Adressaten stehen im schlechtesten Fall lediglich die Daten des Jahresabschlusses zur Verfügung.

1.3. Was sind die Ziele einer Bilanzanalyse?

Die Ziele der Bilanzanalyse variieren je nach Adressaten. Banken beispielsweise interessieren sich hauptsächlich für die zukünftige Möglichkeit des Unternehmens, den Zinsen- und Kapitalzahlungen nachzukommen. Für den Eigentümer wird dies zu wenig sein, ihn interessiert vor allem das Potenzial für zukünftige Ausschüttungen. Der Betriebsrat wiederum ist daran interessiert, die Mitarbeiterbeteiligung am Erfolg zu erhöhen und entsprechend auf die Entlohnung Einfluss zu nehmen. Den Finanzämtern geht es um die korrekte Steuerbemessungsgrundlage und auch um die Aufdeckungen von potenziellem Steuerbetrug.

Aufgrund dieser vielen spezifischen Anforderungen einzelner Adressaten definieren wir für die Zwecke dieses Buches die Ziele der Bilanzanalyse sehr allgemein wie folgt:

Beurteilung des wirtschaftlichen Gesamterfolg des Unternehmens im jeweiligen Betrachtungszeitraum, um einen Einblick in die wirtschaftliche Lage, Entwicklung und Stabilität des Unternehmens zu bekommen

Beurteilung der wirtschaftlichen Entwicklung
- Ertragslage des Unternehmens
- Finanzielle Stabilität & Qualität des Mitteleinsatzes
- Ermittlung von Verbesserungspotenzial
- Erarbeiten von Entscheidungsgrundlagen

Sicherung des zukünftigen Unternehmensbestandes
- Sicherung der Liquidität
- Sicherung der Ertragskraft
- Sicherung der Leistungserstellung
- Sicherung des Fortbestands

Einschätzung des Risikos
- Einschätzung der internen und externen Risiken, denen das Unternehmen ausgesetzt ist
- Berechnung einer Bonitätsbeurteilung durch die Kapitalgeber

Abbildung 2: Ziele der Bilanzanalyse

1.4. Probleme der Bilanzanalyse

Probleme ergeben sich vor allem in der Verfügbarkeit, Verlässlichkeit und in der Vergleichbarkeit der verwendeten Daten.

Verfügbarkeit: Generell haben interne Adressaten eine höhere Verfügbarkeit an Daten als externe Adressaten. Externe Adressaten sind im Regelfall auf die veröffentlichten Jahresabschlüsse oder freiwillig zur Verfügung gestellten Daten des Zielunternehmens angewiesen. Je nach Land können die Offenlegungspflichten und die Zugänglichkeit der Daten zum Teil stark variieren. In Österreich ist der Jahresabschluss beispielsweise nach neun Monaten einzureichen. In Deutschland beträgt die Veröffentlichungsfrist zwölf Monate. Je nach Größe des Unternehmens variiert auch der Umfang der offenzulegenden Daten.

Verlässlichkeit: Theoretisch sollten in verschiedenen Jahresabschlüssen identische Sachverhalte, abgesehen von Bilanzierungswahlrechten – wie beispielsweise die Bewertung der Vorräte nach dem FIFO oder dem gewogenen Durchschnittspreisverfahren –, auch identisch bilanziert werden. Praktisch bestehen für den Abschlussersteller innerhalb jedes Rechnungslegungsregimes Ermessensspielräume, die zu einer unterschiedlichen aber dennoch regelkonformen Darstellung führen. Wird ein Sachverhalt jedoch entgegen den zugrunde liegenden Rechnungslegungsregelungen dargestellt oder werden die Ermessenspielräume überschritten, sprechen wir von einer Fehldarstellung. In der Praxis kommen sowohl unbewusste als auch bewusste Fehldarstellungen vor. Um die Verlässlichkeit von Jahresabschlüssen zu erhöhen, sind ab einer gewissen Größenordnung in den meisten Jurisdiktionen Pflichtprüfungen durch einen Abschlussprüfer vorgeschrieben. Die Aufgabe des Abschlussprüfers ist es, eine Aussage darüber zu treffen, ob der Jahresabschluss frei von wesentlichen Fehldarstellungen ist. Ab wann eine Fehldarstellung als wesentlich einzustufen ist, liegt im pflichtgemäßen Ermessen des Abschlussprüfers. Die Einstufung hat sowohl quantitativ als auch qualitativ zu erfolgen. Als Richtlinie für die quantitative Wesentlichkeit kann man von 5–10% des Jahresergebnisses oder 1–2% der Umsatzerlöse ausgehen. Innerhalb dieser Bandbreite werden Fehldarstellungen noch nicht als wesentlich angesehen, sofern nicht qualitative Faktoren trotzdem für eine wesentliche Fehldarstellung sprechen. Obwohl der Abschlussprüfer überwiegend nur stichprobenbezogene Prüfungshandlungen zur Aufdeckung von Fehldarstellungen durchführt, erhöht sich im Regelfall die Verlässlichkeit zumindest innerhalb dieser Bandbreiten, insbesondere vermindert sich die Wahrscheinlichkeit von unbewussten Fehldarstellungen. Auch für bewusste Fehldarstellungen erhöht sich die Verlässlichkeit, schon allein aufgrund der Präventionswirkung. Kommt es dennoch zu bewussten Fehldarstellungen, ist davon auszugehen, dass versteckte Fehldarstellungen jedoch seltener aufgedeckt werden, als unbewusste Fehldarstellungen, da zusätzliche Verschleierungsmaßnahmen durch den Abschlussersteller stattfinden. Generell kann also davon ausgegangen werden, dass die Verlässlichkeit variiert, ab einer gewissen Unternehmensgröße durch das Instrument der Abschlussprüfung die Verlässlichkeit erhöht wird, aber ein Restrisiko bestehen bleibt.

Vergleichbarkeit: Probleme in der Vergleichbarkeit ergeben sich zunächst aufgrund von unterschiedlichen Rechnungslegungsstandards. Beispielsweise können idente Sachverhalte in einem Abschluss nach deutschem Handelsrecht anders bilanziert werden als nach österreichischem Unternehmensrecht, nach den internationalen Rechnungslegungsstandards (IFRS) oder den US-GAAP. Die Vergleichbarkeit beispielsweise von deutschen und österreichischen Abschlüssen nach deutschem HGB beziehungsweise österreichischem UGB ist daher nur teilweise gegeben. Weiters bestehen auch für idente Sachverhalte innerhalb einer Rechnungslegungsnorm sowohl implizite als auch explizite Wahlrechte, die eine Vergleichbarkeit von zwei Jahresabschlüssen, die beispielsweise beide nach deutschem HGB erstellt wurden, erschweren. Im Rahmen der Bilanzanalyse wird versucht, bekannte Wahlrechte, soweit die Informationen vorhanden sind, einheitlich auszuüben und eine Bilanzbereinigung durchzuführen, um die Vergleichbarkeit zu erhöhen. Einer der Hauptgründe der Einführung der internationalen Rechnungslegungsstandards war es, die Vergleichbarkeit über die Landesgrenzen hinaus zu ermöglichen. Aus diesem Grund wurde auch versucht, so wenig explizite und implizite Wahlrechte wie möglich zuzulassen. Tendenziell sollte daher die Vergleichbarkeit von IFRS-Abschlüssen höher sein als von UGB- oder dHGB-

Abschlüssen. Außerdem bestehen derzeit Bestrebungen, im Rahmen des sogenannten Convergence Projects die Bilanzierung gemäß US-GAAP und IFRS zu harmonisieren, wodurch eine bessere internationale Vergleichbarkeit erzielt werden soll.

1.5. Was versteht man unter einem Jahresabschluss?

Der Jahresabschluss besteht sowohl nach dem österreichischen Unternehmensrecht als auch nach dem deutschen Handelsrecht aus der Bilanz, der Gewinn-und-Verlustrechnung und dem Anhang. Zusätzlich ist ein Lagebericht zu erstellen. Bei Konzernabschlüssen gemäß UGB und gemäß dHGB sind weiters eine Cashflowrechnung und eine Eigenkapitalveränderungsrechnung verpflichtend.

Bilanz: Die Bilanz ist eine geordnete Auflistung des vorhandenen Vermögens und der vorhandenen Schulden zu einem bestimmten Stichtag. Das Wesen der Bilanz ist somit eine Stichtagsbetrachtung. Die Bewertung erfolgt typischerweise in der Landeswährung, also im Regelfall für Deutschland und Österreich in Euro.

Gewinn-und-Verlustrechnung: Die Gewinn-und-Verlustrechnung zeigt geordnet die Veränderung des Bilanzvermögens im Zeitraum zwischen den Bilanzstichtagen, also – außer in Ausnahmefällen – für ein Jahr. Die Gewinn-und-Verlustrechnung ist somit eine Periodenrechnung. Die Bewertung erfolgt ebenfalls in der jeweiligen Landeswährung.

Anhang: Der Anhang enthält zusätzliche Informationen sowohl quantitativer als auch qualitativer Natur, die dazu dienen sollen, die einzelnen Positionen der Bilanz und der Gewinn-und-Verlustrechnung zu erläutern, die Verständlichkeit des Abschlusses zu erhöhen und die Vergleichbarkeit von Abschlüssen zu erleichtern. Die geforderten Informationen des Anhangs variieren je nach Größe und Rechnungslegungsstandard. Wie bereits für die Prüfung von Unternehmen bestehen auch beim Anhang sowohl nach deutschem

HGB als auch nach österreichischem UGB wesentliche Erleichterungen für kleinere Unternehmen.

Cashflowrechnung: Die Cashflowrechnung soll Aufschluss über die Liquiditätslage des Unternehmens geben. Sie zeigt in geordneter Form die Veränderung des Liquiditätsbestands zwischen den Bilanzstichtagen. Dabei wird unterschieden, welche Geldmittel im Unternehmen durch die betriebliche Tätigkeit, welche durch die Investitionstätigkeit und welche durch die Finanzierungstätigkeit erzielt oder verwendet wurden.

Eigenkapitalveränderungsrechnung: Die Eigenkapitalveränderungsrechnung zeigt die Veränderung der einzelnen Bestandteile des Eigenkapitals. Dabei werden Transaktionen mit Bezug zu den Eigenkapitalgebern detailliert dargestellt.

Lagebericht: Der Lagebericht soll einen Einblick in die Lage des Unternehmens geben. Er ist nicht Teil des Jahresabschlusses, gesetzlich in Österreich und Deutschland aber ab einer gewissen Unternehmensgröße verpflichtend. Auch international ist ein Lagebericht, meist als Directors Report bezeichnet, üblich. Die einzelnen Bestandteile des Lageberichts sind in Deutschland und Österreich gesetzlich geregelt. Für die Zwecke der Bilanzanalyse ist insbesondere der Vergleich zwischen den Ergebnissen der Bilanzanalyse und den Ausführungen der Geschäftsleitung von Interesse. Teile der Bilanzanalyse sind womöglich im Lagebericht bereits vorweggenommen.

Kapitel 2

Der Jahresabschluss nach dem österreichischen Unternehmensgesetzbuch

Die gesetzliche Regelung für die Erstellung des Jahresabschlusses in Österreich umfasst vorrangig Grundsätze und Prinzipien, wodurch Raum für Interpretation bleibt, jedoch stehen auch unterstützende Institutionen für Hilfestellungen zur Verfügung. Umgekehrt sind die Gliederung der Bilanz und Gewinn-und-Verlustrechnung gesetzlich relativ eindeutig festgelegt.

2.1. Wie ist die Erstellung gemäß UGB geregelt?

Die Erstellung eines Jahresabschlusses gemäß UGB ist gesetzlich im Dritten Buch des Unternehmensgesetzbuches in den §§ 189 bis 283 geregelt. Vergleicht man die Regelungen zum Beispiel mit IFRS oder US GAAP, wird sofort ersichtlich, dass das Unternehmensgesetz vergleichsweise mit wenigen Regelungen auskommt. Vielfach ist eine Gesetzesinterpretation notwendig. Zur Unterstützung des Bilanzierenden gibt es in Österreich Institutionen, die sich mit der Erstellung von Richtlinien und Interpretationen spezieller Sachverhalte befassen. Diese gelten als Fachmeinungen, die aber keinen gesetzlich bindenden Charakter haben. Eine Abweichung sollte durch einen Bilanzierenden dennoch gut begründet werden, da es als Indiz einer fehlerhaften Bilanzierung gewertet werden kann. Die folgende Übersicht zeigt die wichtigsten österreichischen Institutionen. Die Richtlinien und Interpretationen sind online zum Download erhältlich.

Institution	IWP	Fachsenate der Kammer der Wirtschaftstreuhänder	AFRAC
Homepage	www.iwp.or.at	www.kwt.or.at	www.afrac.at

Tabelle 1: Institutionen der österreichischen Rechnungslegung

Als weiteres Instrumentarium sind die einschlägigen Gesetzeskommentare zu nennen, die geordnet nach Paragrafen die gesetzlichen Regelungen auslegen. Insbesondere sind hier die folgenden Kommentare in der Praxis von Bedeutung:

Herausgeber	Hirschler	Straube
Verlag	Linde	Manz

Tabelle 2: Kommentare der Rechnungslegung nach UGB

Schließlich gibt es eine Vielzahl einschlägiger Fachzeitschriften, die sich mit der Bilanzierung nach dem Unternehmensgesetzbuch auseinandersetzen. Für den Praktiker gilt: Bei Zweifelsfragen sollte auf die einschlägigen Kommentare oder die Literatur zurückgegriffen werden. Eine Bilanzierung entgegen den Fachmeinungen sollte nur vorgenommen werden, falls es erstzunehmende Literaturmeinungen gibt, die sich ebenfalls für eine solche Bilanzierung aussprechen. Um Gesetzeskonformität zu erzielen, ist es in der Regel nicht notwendig, sich der Mehrheit anzuschließen. Bestehen für einen neuartigen Sachverhalt noch keine Bilanzierungsregeln, steht es dem Bilanzierenden frei, das Gesetz selbstständig zu interpretieren. Für die Zwecke der Bilanzanalyse führt die Interpretation jedenfalls zu den unter Kapitel 1.4. dargestellten Problemen der Vergleichbarkeit.

2.2. Grundsätze der Buchführung gemäß UGB

Das Unternehmensgesetzbuch nimmt in mehreren Paragrafen Bezug auf die *„Grundsätze ordnungsmäßiger Buchführung"*. Zum Teil werden diese auch gesetzlich näher spezifiziert. Beispielsweise sind gemäß § 201 Abs 1 UGB die *„Grundsätze ordnungsmäßiger Buchführung"* bei der Bewertung einzuhalten. Im folgenden § 201 Abs 2 UGB werden dann einzelne dieser Grundsätze näher ausgeführt. Eine abschließende Regelung der Grundsätze ordnungsmäßiger Buchführung ist dem Gesetz nicht zu entnehmen. Diese können sich somit im Zeitablauf, sofern es keine gesetzlich spezifizierte Regelung gibt, auch ohne Anpassung des Gesetzestextes ändern. *Nowotny* in *Straube*, UGB II/RLG3 § 195 Rz 11, unterscheiden etwa in kodifizierte und nicht kodifizierte GoBs.

2.2.1. Kodifizierte Grundsätze ordnungsmäßiger Buchführung

Die folgende Tabelle zeigt in Anlehnung an *Nowotny* in *Straube*, UGB II/RLG3 § 195 Rz 13 die Grundsätze sowie die Stelle der gesetzlichen Regelung:

Grundsatz	Gesetzliche Regelung
Vollständigkeit und Richtigkeit	§§ 190, 196
Bilanzklarheit	§§ 195 f
Bilanzkontinuität	§§ 201, 223
Bilanzidentität	§ 201
Bilanzvorsicht	§ 201

Grundsatz	Gesetzliche Regelung
Stichtagsprinzip	§§ 191, 193
Going-Concern-Prinzip	§ 201
Grundsatz der Einzelbewertung	§ 201
Grundsatz der Periodenabgrenzung	§§ 196, 198
Prinzip der Zahlungsunabhängigkeit der Aufwands- und Ertragszurechnung	§ 201

Tabelle 3: Grundsätze ordnungsmäßiger Buchführung nach UGB

Für die Bilanzanalyse sind aus unserer Sicht insbesondere die folgenden Prinzipien von Bedeutung:

2.2.1.1. Grundsatz der Bilanzklarheit

Für die Zwecke der Bilanzanalyse ist zu beachten, dass nach dem Grundsatz der Bilanzklarheit Posten der Aktivseite der Bilanz nicht mit Posten der Passivseite verrechnet werden dürfen. Aufwandsposten dürfen nicht mit Ertragsposten und Grundstücksrechte nicht mit Grundstückslasten saldiert werden.

2.2.1.2. Grundsatz der Bilanzkontinuität

Die Kontinuität ist sowohl in der Darstellung als auch in der Bewertung zu wahren. Die gewählte Darstellung und Zuordnung der Bilanz und der Gewinn-und-Verlustrechnung ist im Zeitablauf ebenso beizubehalten, wie die angewandten Bewertungsmethoden. Kommt es dennoch zu Änderungen, um die Darstellung der Vermögens-, Finanz- und Ertragslage zu verbessern, sind diese im Anhang offenzulegen.

2.2.1.3. Grundsatz der Bilanzidentität

Die Eröffnungsbilanz des Geschäftsjahres muss mit der Schlussbilanz des vorhergehenden Geschäftsjahres übereinstimmen. Dieser Grundsatz ist für die Erstellung von Zeitreihenanalysen im Rahmen der Bilanzanalyse von wesentlicher Bedeutung.

2.2.1.4. Grundsatz der Bilanzvorsicht

Nach dem Grundsatz der Vorsicht dürfen insbesondere nur die am Abschlussstichtag verwirklichten Gewinne ausgewiesen werden. Weiters müssen zukünftig erkennbare Risiken und drohende Verluste, die ihre Verursachung bereits im laufenden Geschäftsjahr haben, nach dem Imparitätsprinzip im laufenden Abschluss berücksichtigt werden. Obwohl die Bildung von willkürlichen stillen Reserven durch das Vorsichtsprinzip nicht gedeckt ist, zeigt die Praxis jedoch, dass es oft zur Bildung von erheblichen stillen Reserven und zu einer Glättung von Ergebnissen im Zeitablauf kommt.

2.2.1.5. Stichtagsprinzip

Die Bilanz ist auf einen Stichtag aufzustellen. Die Gewinn-und-Verlustrechnung bezieht sich im Regelfall auf zwölf Monate. Verschobene Stichtage führen tendenziell zu unterschiedlichen Bewertungen und können die Vergleichbarkeit erschweren. Beispielsweise werden in der Praxis die Bestände an Vorräten zum 31.12. in vielen Branchen saisonbedingt deutlich niedriger sein, als zu anderen Stichtagen.

2.2.2. Nicht kodifizierte Grundsätze ordnungsmäßiger Buchführung

Nach *Nowotny* in *Straube*, UGB II/RLG3 § 195 Rz 14 gehören außerdem noch das Prinzip der wirtschaftlichen Betrachtungsweise, wonach der wirtschaftliche Gehalt einer Transaktion über die formaljuristische Ausgestaltung geht, und das Prinzip der Wirtschaftlichkeit und Wesentlichkeit zu den Grundsätzen ordnungsmäßiger Bilanzierung. Nach dem Prinzip der Wirtschaftlichkeit sollte eine Erhöhung der Qualität des Jahresabschlusses auch in Relation zu den dadurch verursachten Kosten stehen, wobei im Zweifel der Qualität der Vorzug zu geben ist. Die Wirtschaftlichkeit hat jedenfalls dann Vorrang, wenn der zusätzliche Qualitätsgewinn nicht dazu geeignet ist, die Entscheidungen der Jahresabschlussadressaten zu ändern, also der Qualitätsgewinn nicht als wesentlich einzustufen ist. Die Grenze der Wesentlichkeit ist freilich in der Praxis schwer zu ziehen.

2.3. Die Bilanz gemäß UGB

Die Gliederung der Bilanz ist in § 224 UGB geregelt und folgt einem vorgegebenen starren Schema. Eine Durchbrechung dieses Schemas ist nur in Ausnahmefällen zulässig. In der Praxis sind Durchbrechungen nur für detailliertere Unterteilungen oder bei Personengesellschaften üblich. Die Gliederung der Bilanz nach den gesetzlichen Vorschriften des UGB ist in Abbildung 3 dargestellt:

Aktiva	Passiva

A. Anlagevermögen:
  I. Immaterielle Vermögensgegenstände:
    1. Konzessionen, gewerbliche Schutzrechte und ähnliche Rechte und Vorteile sowie daraus abgeleitete Lizenzen;
    2. Geschäfts(Firmen)wert;
    3. geleistete Anzahlungen;
  II. Sachanlagen:
    1. Grundstücke, grundstücksgleiche Rechte und Bauten, einschließlich der Bauten auf fremdem Grund;
    2. technische Anlagen und Maschinen;
    3. andere Anlagen, Betriebs- und Geschäftsausstattung;
    4. geleistete Anzahlungen und Anlagen in Bau;
  III. Finanzanlagen:
    1. Anteile an verbundenen Unternehmen;
    2. Ausleihungen an verbundene Unternehmen;
    3. Beteiligungen;
    4. Ausleihungen an Unternehmen, mit denen ein Beteiligungsverhältnis besteht;
    5. Wertpapiere (Wertrechte) des Anlagevermögens;
    6. sonstige Ausleihungen.
B. Umlaufvermögen:
  I. Vorräte:
    1. Roh-, Hilfs- und Betriebsstoffe;
    2. unfertige Erzeugnisse;
    3. fertige Erzeugnisse und Waren;
    4. noch nicht abrechenbare Leistungen;
    5. geleistete Anzahlungen;
  II. Forderungen und sonstige Vermögensgegenstände:
    1. Forderungen aus Lieferungen und Leistungen;
    2. Forderungen gegenüber verbundenen Unternehmen;
    3. Forderungen gegenüber Unternehmen, mit denen ein Beteiligungsverhältnis besteht;
    4. sonstige Forderungen und Vermögensgegenstände;
  III. Wertpapiere und Anteile:
    1. Anteile an verbundenen Unternehmen;
    2. sonstige Wertpapiere und Anteile;
  IV. Kassenbestand, Schecks, Guthaben bei Kreditinstituten.
C. Rechnungsabgrenzungsposten.
	A. Eigenkapital:
	  I. Nennkapital (Grund-, Stammkapital);
	  II. Kapitalrücklagen:
	    1. gebundene;
	    2. nicht gebundene;
	  III. Gewinnrücklagen:
	    1. gesetzliche Rücklage;
	    2. satzungsmäßige Rücklagen;
	    3. andere Rücklagen (freie Rücklagen);
	  IV. Bilanzgewinn (Bilanzverlust), davon Gewinnvortrag/Verlustvortrag.
	B. Unversteuerte Rücklagen:
	    1. Bewertungsreserve auf Grund von Sonderabschreibungen;
	    2. sonstige unversteuerte Rücklagen.
	C. Rückstellungen:
	    1. Rückstellungen für Abfertigungen;
	    2. Rückstellungen für Pensionen;
	    3. Steuerrückstellungen;
	    4. sonstige Rückstellungen.
	D. Verbindlichkeiten:
	    1. Anleihen, davon konvertibel;
	    2. Verbindlichkeiten gegenüber Kreditinstituten;
	    3. erhaltene Anzahlungen auf Bestellungen;
	    4. Verbindlichkeiten aus Lieferungen und Leistungen;
	    5. Verbindlichkeiten aus der Annahme gezogener Wechsel und der Ausstellung eigener Wechsel;
	    6. Verbindlichkeiten gegenüber verbundenen Unternehmen;
	    7. Verbindlichkeiten gegenüber Unternehmen, mit denen ein Beteiligungsverhältnis besteht;
	    8. sonstige Verbindlichkeiten, davon aus Steuern, davon im Rahmen der sozialen Sicherheit.
	E. Rechnungsabgrenzungsposten.

Abbildung 3: Bilanz gemäß § 224 UGB

Die linke Seite der Bilanz, üblicherweise als Aktivseite bezeichnet, zeigt das Vermögen oder auch die Mittelverwendung. Die rechte Seite der Bilanz, üblicherweise als Passivseite bezeichnet, zeigt die Schulden oder auch die Mittelherkunft. Nach dem Prinzip der doppelten Buchhaltung müssen beide Seiten der Bilanz ausgeglichen sein.

2.4. Die Gewinn-und-Verlustrechnung gemäß UGB

Die Gliederung der Gewinn-und-Verlustrechnung ist in § 231 UGB geregelt. Grundsätzlich werden in der Gewinn-und-Verlustrechnung alle Erträge und Aufwendungen des Geschäftsjahres erfasst. Das Geschäftsjahr umfasst in der Regel zwölf Monate. Ein kürzerer Zeitraum ist bei einem sogenannten Rumpfgeschäftsjahr bei Verlegung des Bilanzstichtages möglich, ein längerer hingegen gesetzlich verboten.

Die Erträge und Aufwendungen stehen im Idealfall in direktem Zusammenhang mit Geldein- bzw -auszahlungen, die jedoch auch andere Perioden als das Geschäftsjahr umfassen können. Die Erfassung der Aufwendungen erfolgt nach dem Zeitpunkt der wirtschaftlichen Verursachung. Die Erfassung der Erträge darf nach dem Prinzip der Bilanzvorsicht erst mit der Verwirklichung des Gewinns erfolgen. Langfristig deckt sich die Summe aller Aufwendungen und Erträge einer Periode mit der Summe der Einzahlungsüberschüsse bzw der Auszahlungsunterdeckung. Dieser Grundsatz wird als pagatorisches Prinzip (nach *Preinreich*) bezeichnet.

Die Aufwendungen und Erträge einer Periode werden in Staffelform, entsprechend der Gliederung der Gewinn-und-Verlustrechnung, zu einzelnen Ertrags- bzw Aufwandsposten zusammengefasst. Es besteht für diese Darstellung der summierten Aufwendungen und Erträge ein Wahlrecht. Die Posten können entweder nach dem Gesamtkostenverfahren oder dem Umsatzkostenverfahren dargestellt werden. Das Gesamtkostenverfahren unterteilt die Aufwendungen nach der Art der Aufwendungen. Gleichartige Aufwendungen werden in einer Position zusammengefasst, wie zum Beispiel Personal- oder Materialaufwendungen. Beim Umsatzkostenverfahren werden die Aufwendungen nach der gleichartigen Funktion unterteilt. Beispielsweise werden die Personalaufwendungen nach der Funktion im Betrieb in Herstellungs-, Vertriebs- und Verwaltungskosten aufgeteilt. Abbildung 4 zeigt die gesetzliche Gliederung der Gewinn-und-Verlustrechnung nach dem Gesamtkostenverfahren.

Gewinn- und Verlustrechnung nach dem Gesamtkostenverfahren
1. Umsatzerlöse;
2. Veränderung des Bestands an fertigen und unfertigen Erzeugnissen sowie an noch nicht abrechenbaren Leistungen;
3. andere aktivierte Eigenleistungen;
4. sonstige betriebliche Erträge: a) Erträge aus dem Abgang vom und der Zuschreibung zum Anlagevermögen mit Ausnahme der Finanzanlagen,   b) Erträge aus der Auflösung von Rückstellungen,   c) übrige;
5. Aufwendungen für Material und sonstige bezogene Herstellungsleistungen: a) Materialaufwand,   b) Aufwendungen für bezogene Leistungen;
6. Personalaufwand: a) Löhne,   b) Gehälter,   c) Aufwendungen für Abfertigungen und Leistungen an betriebliche Mitarbeitervorsorgekassen,   d) Aufwendungen für Altersversorgung,   e) Aufwendungen für gesetzlich vorgeschriebene Sozialabgaben sowie vom Entgelt abhängige Abgaben und Pflichtbeiträge,   f) sonstige Sozialaufwendungen;
7. Abschreibungen: a) auf immaterielle Gegenstände des Anlagevermögens und Sachanlagen,   b) auf Gegenstände des Umlaufvermögens, soweit diese die im Unternehmen üblichen Abschreibungen überschreiten;
8. sonstige betriebliche Aufwendungen: a) Steuern, soweit sie nicht unter Z 21 fallen,   b) übrige;
9. Zwischensumme aus Z 1 bis 8;
10. Erträge aus Beteiligungen, davon aus verbundenen Unternehmen;
11. Erträge aus anderen Wertpapieren und Ausleihungen des Finanzanlagevermögens, davon aus verbundenen Unternehmen;
12. sonstige Zinsen und ähnliche Erträge, davon aus verbundenen Unternehmen;
13. Erträge aus dem Abgang von und der Zuschreibung zu Finanzanlagen und Wertpapieren des Umlaufvermögens;
14. Aufwendungen aus Finanzanlagen und aus Wertpapieren des Umlaufvermögens, davon sind gesondert auszuweisen: a) Abschreibungen,   b) Aufwendungen aus verbundenen Unternehmen;
15. Zinsen und ähnliche Aufwendungen, davon betreffend verbundene Unternehmen;
16. Zwischensumme aus Z 10 bis 15;
17. Ergebnis der gewöhnlichen Geschäftstätigkeit;
18. außerordentliche Erträge;
19. außerordentliche Aufwendungen;
20. außerordentliches Ergebnis;
21. Steuern vom Einkommen und vom Ertrag;
22. Jahresüberschuss/Jahresfehlbetrag;
23. Auflösung unversteuerter Rücklagen;
24. Auflösung von Kapitalrücklagen;
25. Auflösung von Gewinnrücklagen;
26. Zuweisung zu unversteuerten Rücklagen;
27. Zuweisung zu Gewinnrücklagen. Die Auflösungen und Zuweisungen gemäß Z 23 bis 27 sind entsprechend den in der Bilanz ausgewiesenen Unterposten aufzugliedern;
28. Gewinnvortrag/Verlustvortrag aus dem Vorjahr;
29. Bilanzgewinn/Bilanzverlust.

Abbildung 4: Das Gesamtkostenverfahren gemäß § 231 Abs 2 UGB

Abbildung 5 zeigt die Gewinn-und-Verlustrechnung nach dem Umsatzkostenverfahren:

Gewinn- und Verlustrechnung nach dem Umsatzkostenverfahren
1. Umsatzerlöse;
2. Herstellungskosten der zur Erzielung der Umsatzerlöse erbrachten Leistungen;
3. Bruttoergebnis vom Umsatz;
4. sonstige betriebliche Erträge: a) Erträge aus dem Abgang vom und der Zuschreibung zum Anlagevermögen mit Ausnahme der Finanzanlagen,   b) Erträge aus der Auflösung von Rückstellungen,   c) übrige;
5. Vertriebskosten;
6. Verwaltungskosten;
7. sonstige betriebliche Aufwendungen;
8. Zwischensumme aus Z 1 bis 7;
9. Erträge aus Beteiligungen, davon aus verbundenen Unternehmen;
10. Erträge aus anderen Wertpapieren und Ausleihungen des Finanzanlagevermögens, davon aus verbundenen Unternehmen;
11. sonstige Zinsen und ähnliche Erträge, davon aus verbundenen Unternehmen;
12. Erträge aus dem Abgang von und der Zuschreibung zu Finanzanlagen und Wertpapieren des Umlaufvermögens;
13. Aufwendungen aus Finanzanlagen und aus Wertpapieren des Umlaufvermögens,   davon sind gesondert auszuweisen: a) Abschreibungen,   b) Aufwendungen aus verbundenen Unternehmen;
14. Zinsen und ähnliche Aufwendungen, davon betreffend verbundene Unternehmen;
15. Zwischensumme aus Z 9 bis 14;
16. Ergebnis der gewöhnlichen Geschäftstätigkeit;
17. außerordentliche Erträge;
18. außerordentliche Aufwendungen;
19. außerordentliches Ergebnis;
20. Steuern vom Einkommen und vom Ertrag;
21. Jahresüberschuss/Jahresfehlbetrag;
22. Auflösung unversteuerter Rücklagen;
23. Auflösung von Kapitalrücklagen;
24. Auflösung von Gewinnrücklagen;
25. Zuweisung zu unversteuerten Rücklagen;
26. Zuweisung zu Gewinnrücklagen. Die Auflösungen und Zuweisungen gemäß Z 22 bis 26 sind entsprechend den in der Bilanz ausgewiesenen Unterposten aufzugliedern;
27. Gewinnvortrag/Verlustvortrag aus dem Vorjahr;
28. Bilanzgewinn/Bilanzverlust.

Abbildung 5: Das Umsatzkostenverfahren gemäß § 231 UGB

Kapitel 3

Der Jahresabschluss nach dem deutschen Handelsgesetzbuch

Wie die österreichische, so ist auch die deutsche Gesetzgebung relativ frei in ihren Ausführungen und sind Interpretationen zulässig. Die Grundsätze sind überwiegend deckungsgleich mit denen des österreichischen Gesetzbuches. Auch gibt es unterstützende Institutionen, die fakultative Richtlinien bereitstellen, die es zu beachten gilt.

3.1. Wie ist die Erstellung gemäß dHGB geregelt?

Die Erstellung eines Jahresabschlusses gemäß dHGB ist gesetzlich im Dritten Buch des Handelsgesetzbuches in den §§ 238–339 dHGB geregelt. Auch das deutsche Bilanzrecht kommt, wie schon das UGB, mit einem geringen Umfang an Regelungen aus, weshalb auch bei deutschen Jahresabschlüssen vielfach eine Gesetzesinterpretation notwendig ist. Analog zu Österreich existieren auch in Deutschland Institutionen, die Richtlinien und Interpretationen bereitstellen, die zwar nicht verpflichtend anzuwenden sind, aber dennoch einen faktisch bindenden Charakter besitzen, da eine mit diesen Regelwerken konforme Bilanzierung zumindest einer vorsätzlich oder grob fahrlässigen Fehldarstellung vorbeugt. Die folgende Übersicht zeigt die wichtigsten deutschen Institutionen. Die Richtlinien und Interpretationen sind online erhältlich.

Institution	Institut Deutscher Wirtschaftsprüfer	Deutsches Rechnungslegungs Standards Committee
Homepage	www.idw.de	www.drsc.de

Tabelle 4: Institutionen der deutschen Rechnungslegung

Für das deutsche Handelsgesetzbuch gibt es im Vergleich zum österreichischen UGB eine größere Auswahl an Kommentaren zum Bilanzrecht. Die folgende Tabelle gibt lediglich eine kleine Auswahl:

Herausgeber	Adler/Düringer/Schmalz	Oetker	Münchner Kommentar zum Bilanzrecht
Verlag	Schäffer-Poeschl	Beck	Beck

Tabelle 5: Kommentare der Rechnungslegung nach dHGB

Natürlich gilt auch im deutschen Handelsgesetz der gleiche Grundsatz. Bei Zweifelsfragen der Bilanzierung sollte zunächst ein Kommentar oder einschlägige Fachliteratur herangezogen werden. Eine Bilanzierung entgegen der Literaturmeinung sollte vermieden werden, besteht jedoch eine ernstzunehmende Gegenmeinung in der Literatur, muss eine Bilanzierung nicht nach der Mehrheit erfolgen. Besteht ein neuartiger Sachverhalt, bleibt nur die eigenständige Auslegung des Gesetzestextes.

3.2. Grundsätze der Buchführung gemäß dHGB

Nachdem das deutsche Handelsgesetzbuch die Grundlage für das österreichische Handelsgesetzbuch, dem Vorgänger des österreichischen Unternehmensgesetzbuches, war, sind die Grundsätze beinahe identisch. Auch für das deutsche Handelsgesetzbuch gelten die *„Grundsätze ordnungsmäßiger Buchführung"*, die zum Teil kodifiziert, zum Teil jedoch nicht kodifiziert sind.

3.2.1. Kodifizierte Grundsätze ordnungsmäßiger Buchführung

Die folgende Tabelle zeigt in Anlehnung an Kapitel 2.2.1. die Grundsätze sowie die Stelle der gesetzlichen Regelung:

Grundsatz	Gesetzliche Regelung
Vollständigkeit und Richtigkeit	§ 246 Abs 1
Bilanzklarheit	§ 243 Abs 1 und 2, § 246 Abs 2d
Bilanzkontinuität (Bewertungsstetigkeit)	§ 246 Abs 3, § 252 Abs 1 Nr 6
Bilanzidentität	§ 252 Abs 1 Nr 1d
Bilanzvorsicht	§ 252 Abs 1 Nr 4
Stichtagsprinzip	§ 252 Abs 1
Going-Concern-Prinzip	§ 252 Abs 1 Nr 2d
Grundsatz der Einzelbewertung	§ 252 Abs 1 Nr 3d
Grundsatz der Periodenabgrenzung	§ 246 Abs 1, § 250
Prinzip der Zahlungsunabhängigkeit der Aufwands- und Ertragszurechnung	§ 252 Abs 2 Nr 5

Tabelle 6: Grundsätze ordnungsmäßiger Buchführung gemäß dHGB

Vergleicht man die Tabelle mit den Grundsätzen in Kapitel 2.2.1., wird ersichtlich, dass die Grundsätze sowohl im UGB als auch im dHGB sich im Wesentlichen entsprechen. Im Zuge des BilMoG wurden jedoch einige Anpassungen vorgenommen, die bisher nicht in das österreichische Unternehmensgesetzbuch übernommen wurden. Ob diese im Zuge einer Modernisierung des österreichischen Unternehmensgesetzbuches ebenfalls in das österreichische Bilanzrecht Einzug finden, bleibt abzuwarten. Im Folgenden wird lediglich auf die aus unserer Sicht für die Bilanzanalyse relevanten Unterschiede eingegangen.

3.2.1.1 Grundsatz der Bilanzklarheit

Im Gegensatz zum UGB normiert das deutsche Handelsgesetzbuch in § 246 Abs 2 Z 2 für bestimmte Vermögensgegenstände ein Verrechnungsgebot mit den Rückstellungen für Altersversorgung. Pensionsrückstellungen werden dadurch im Allgemeinen niedriger dargestellt als gemäß den Vorschriften des UGB.

3.2.1.2. Grundsatz der Bilanzkontinuität

Zusätzlich zur Kontinuität der Darstellung und der Bewertung wurde im Zuge des BilMoG im § 246 Abs 3 die Ansatzstetigkeit kodifiziert. Demnach haben Unternehmen ein Ansatzwahlrecht sachlich und zeitlich stetig auszuüben. Wird beispielsweise vom Wahlrecht zum Ansatz von selbsterstellten immateriellen Vermögensgegenständen Gebrauch gemacht, ist dieses stetig fortzusetzen.

3.2.2. Nicht kodifizierte Grundsätze ordnungsmäßiger Buchführung

Aufgrund der vergleichbaren Rechtslage sind die in der Literatur entwickelten nicht kodifizierten Grundsätze im Regelfall sowohl für Deutschland als auch für Österreich anwendbar.

3.3. Die Bilanz gemäß dHGB

Die Bilanz gemäß dHGB ist in § 266 geregelt. Auch sie folgt einem starren Schema. Die Gliederung der Bilanz nach den gesetzlichen Vorschriften des dHGB ist in Abbildung 6 dargestellt:

Aktiva	Passiva

A. Anlagevermögen:
   I. Immaterielle Vermögensgegenstände:
     1. Selbst geschaffene gewerbliche Schutzrechte und ähnliche Rechte und Werte;
     2. entgeltlich erworbene Konzessionen, gewerbliche Schutzrechte und ähnliche Rechte und Werte sowie Lizenzen an solchen Rechten und Werten;
     3. Geschäfts- oder Firmenwert;
     4. geleistete Anzahlungen;
   II. Sachanlagen:
     1. Grundstücke, grundstücksgleiche Rechte und Bauten einschließlich der Bauten auf fremden Grundstücken;
     2. technische Anlagen und Maschinen;
     3. andere Anlagen, Betriebs- und Geschäftsausstattung;
     4. geleistete Anzahlungen und Anlagen im Bau;
   III. Finanzanlagen:
     1. Anteile an verbundenen Unternehmen;
     2. Ausleihungen an verbundene Unternehmen;
     3. Beteiligungen;
     4. Ausleihungen an Unternehmen, mit denen ein Beteiligungsverhältnis besteht;
     5. Wertpapiere des Anlagevermögens;
     6. sonstige Ausleihungen.
 B. Umlaufvermögen:
   I. Vorräte:
     1. Roh-, Hilfs- und Betriebsstoffe;
     2. unfertige Erzeugnisse, unfertige Leistungen;
     3. fertige Erzeugnisse und Waren;
     4. geleistete Anzahlungen;
   II. Forderungen und sonstige Vermögensgegenstände:
     1. Forderungen aus Lieferungen und Leistungen;
     2. Forderungen gegen verbundene Unternehmen;
     3. Forderungen gegen Unternehmen, mit denen ein Beteiligungsverhältnis besteht;
     4. sonstige Vermögensgegenstände;
   III. Wertpapiere:
     1. Anteile an verbundenen Unternehmen;
     2. sonstige Wertpapiere;
   IV. Kassenbestand, Bundesbankguthaben, Guthaben bei Kreditinstituten und Schecks.
 C. Rechnungsabgrenzungsposten.
 D. Aktive latente Steuern.
 E. Aktiver Unterschiedsbetrag aus der Vermögensverrechnung.
	A. Eigenkapital:
	   I. Gezeichnetes Kapital;
	   II. Kapitalrücklage;
	   III. Gewinnrücklagen;
	   IV. Gewinnvortrag/Verlustvortrag;
	   V. Jahresüberschuss/Jahresfehlbetrag.
	 B. Rückstellungen:
	   1. Rückstellungen für Pensionen und ähnliche Verpflichtungen;
	   2. Steuerrückstellungen;
	   3. sonstige Rückstellungen.
	 C. Verbindlichkeiten:
	   1. Anleihen, davon konvertibel;
	   2. Verbindlichkeiten gegenüber Kreditinstituten;
	   3. erhaltene Anzahlungen auf Bestellungen;
	   4. Verbindlichkeiten aus Lieferungen und Leistungen;
	   5. Verbindlichkeiten aus der Annahme gezogener Wechsel und der Ausstellung eigener Wechsel;
	   6. Verbindlichkeiten gegenüber verbundenen Unternehmen;
	   7. Verbindlichkeiten gegenüber Unternehmen, mit denen ein Beteiligungsverhältnis besteht;
	   8. sonstige Verbindlichkeiten,
	     davon aus Steuern,
	     davon im Rahmen der sozialen Sicherheit.
	 D. Rechnungsabgrenzungsposten.
	 E. Passive latente Steuern.

Abbildung 6: Bilanz nach § 266 dHGB

3.4. Die Gewinn-und-Verlustrechnung gemäß dHGB

Die Gliederung der Gewinn-und-Verlustrechnung ist in § 275 dHGB geregelt. Es gelten dieselben Grundsätze wie im UGB. Die gesetzliche Gliederung nach dem Gesamtkostenverfahren ist folgender Abbildung zu entnehmen:

Gewinn- und Verlustrechnung nach dem Gesamtkostenverfahren
1. Umsatzerlöse
2. Erhöhung oder Verminderung des Bestands an fertigen und unfertigen Erzeugnissen
3. andere aktivierte Eigenleistungen
4. sonstige betriebliche Erträge
5. Materialaufwand: a) Aufwendungen für Roh-, Hilfs- und Betriebsstoffe und für bezogene Waren   b) Aufwendungen für bezogene Leistungen
6. Personalaufwand: a) Löhne und Gehälter   b) soziale Abgaben und Aufwendungen für Altersversorgung und für Unterstützung,   davon für Altersversorgung
7. Abschreibungen: a) auf immaterielle Vermögensgegenstände des Anlagevermögens und Sachanlagen   b) auf Vermögensgegenstände des Umlaufvermögens, soweit diese die in der Kapitalgesellschaft üblichen Abschreibungen überschreiten
8. sonstige betriebliche Aufwendungen
9. Erträge aus Beteiligungen,   davon aus verbundenen Unternehmen
10. Erträge aus anderen Wertpapieren und Ausleihungen des Finanzanlagevermögens,   davon aus verbundenen Unternehmen
11. sonstige Zinsen und ähnliche Erträge,   davon aus verbundenen Unternehmen
12. Abschreibungen auf Finanzanlagen und auf Wertpapiere des Umlaufvermögens
13. Zinsen und ähnliche Aufwendungen,   davon aus verbundenen Unternehmen
14. Ergebnis der gewöhnlichen Geschäftstätigkeit
15. außerordentliche Erträge
16. außerordentliche Aufwendungen
17. außerordentliches Ergebnis
18. Steuern vom Einkommen und vom Ertrag
19. sonstige Steuern
20. Jahresüberschuss/Jahresfehlbetrag.

Abbildung 7: Das Gesamtkostenverfahren gemäß § 275 dHGB

Auch das Umsatzkostenverfahren gemäß § 275 dHGB entspricht im Wesentlichen dem Umsatzkostenverfahren, wie aus der folgenden Abbildung ersichtlich ist:

Gewinn- und Verlustrechnung nach dem Umsatzkostenverfahren
1. Umsatzerlöse
2. Herstellungskosten der zur Erzielung der Umsatzerlöse erbrachten Leistungen
3. Bruttoergebnis vom Umsatz
4. Vertriebskosten
5. allgemeine Verwaltungskosten
6. sonstige betriebliche Erträge
7. sonstige betriebliche Aufwendungen
8. Erträge aus Beteiligungen,
davon aus verbundenen Unternehmen
9. Erträge aus anderen Wertpapieren und Ausleihungen des Finanzanlagevermögens,
davon aus verbundenen Unternehmen
10. sonstige Zinsen und ähnliche Erträge,
davon aus verbundenen Unternehmen
11. Abschreibungen auf Finanzanlagen und auf Wertpapiere des Umlaufvermögens
12. Zinsen und ähnliche Aufwendungen,
davon an verbundene Unternehmen
13. Ergebnis der gewöhnlichen Geschäftstätigkeit
14. außerordentliche Erträge
15. außerordentliche Aufwendungen
16. außerordentliches Ergebnis
17. Steuern vom Einkommen und vom Ertrag
18. sonstige Steuern
19. Jahresüberschuss/Jahresfehlbetrag.

Abbildung 8: Das Umsatzkostenverfahren gemäß § 275 dHGB

Kapitel 4

Durchführung einer Jahresabschlussanalyse

Für einen ordnungsgemäßen Jahresabschluss sind der korrekte Umgang mit den Basisdaten aus externen Bezugsquellen, die sinnhafte Aufbereitung der Daten und eine adäquate Analyse und Interpretation der Ergebnisse wichtig. Werden die Analysewerte entsprechend bewertet und Ursachen festgestellt, können geeignete Maßnahmen abgeleitet werden, die, wenn umgesetzt, eine positive Entwicklung begründen.

4.1. Erhebung der Basisdaten

Als erster Schritt der Bilanzanalyse sind zunächst die Basisdaten zu erheben. Hauptquelle sind die Jahresabschlüsse des Unternehmens und der Vergleichsunternehmen. Bei betriebsinternen Vergleichen werden typischerweise Reporting Packages oder systemgenerierte strukturierte Saldenlisten herangezogen. Reporting Packages haben den Vorteil, dass die Daten bereits einheitlich gegliedert sind und im Wesentlichen einheitliche Bewertungsmethoden verwendet werden.

Bei allen Analysen empfehlen wir, zumindest die Daten von drei Jahren heranzuziehen. Oft wird es sogar sinnvoll sein, den Zeitraum auszuweiten, um einen gesamten Konjunkturzyklus zu betrachten.

Bezugsquellen für die Erhebung externer Basisdaten sind in Tabelle 7 dargestellt:

Bezeichnung	Inhalt	Link	Region
Unternehmensregister	Veröffentlichte Jahresabschlüsse	www.unternehmensregister.de	D
Firmenbuch	Veröffentlichte Jahresabschlüsse	www.imd.at www.jusline.at www.advokat.at	Ö
Kontrollbank	Finanzinformationen börsennotierter österreichischer Unternehmen	issuerinfo.oekb.at	Ö
European Business Register	Veröffentlichte Jahresabschlüsse	www.ebr.org	EU
BACH	Harmonisierte Jahresabschlüsse	www.bachesd.banque-france.fr/?lang=en	AT, BE, FR, DE, IT, NL, PL, PO, ESP
Amadeus	Finanzinformationen	www.bvdinfo.com	Europa

Tabelle 7: Bezugsquellen Jahresabschlussdaten

Die in Tabelle 7 angeführten Dienste sind teilweise kosten- oder registrierungspflichtig.

4.2. Aufbereitung der Daten

Ein wichtiger Schritt ist die Aufbereitung der Daten. Insbesondere wird durch die Aufbereitung versucht, die Vergleichbarkeit oder die Aussagekraft zu erhöhen und übersichtlicher zu gestalten. Besonderes Augenmerk liegt dabei auf der Zielsetzung der Analyse. Die Möglichkeiten zur Aufbereitung sind durch die Art und den Umfang der vorhandenen Informationen beschränkt. Typische Aufbereitungsschritte sind die Bereinigung der Daten sowie die einheitliche Gliederung und Informationsverdichtung.

4.2.1. Bereinigung der Daten

Die Bereinigung der Daten steht in engem Zusammenhang mit der Zielsetzung der Bilanzanalyse. Auch hier steht die Vergleichbarkeit der Daten oftmals im Vordergrund. Wir unterteilen in weiterer Folge in die Bereinigung der Vermögenswerte und Schulden und in die Bereinigung der Erfolgsrechnung.

4.2.1.1. Bereinigung der Vermögenswerte und Schulden

Um eine Vergleichbarkeit der Daten zu erhöhen, sind insbesondere folgende Bereinigungen üblich:

→ Bereinigung expliziter Wahlrechte
→ Bereinigung impliziter Wahlrechte
→ Stille Reserven
→ Stille Lasten
→ Umgliederungen
→ Sonstige Bereinigungen

Bereinigung expliziter Wahlrechte:
Sowohl im dHGB als auch im UGB bestehen für den Bilanzierenden explizite Wahlrechte für die unterschiedliche Darstellung eines identen Geschäftsvorfalls, wie beispielsweise die Aktivierung latenter Steuern oder der Ansatz selbsterstellter immaterieller Vermögensgegenstände (zB: Forschungs- und Entwicklungskosten) im dHGB. Schon in der Darstellung besteht bereits sowohl nach dHGB als auch nach UGB das Wahlrecht, die Erfolgsrechnung entweder nach dem Gesamtkostenverfahren oder dem Umsatzkostenverfah-

ren darzustellen. Um die Vergleichbarkeit zu erleichtern, bestehen oftmals für explizite Wahlrechte sowohl im UGB als auch im dHGB Pflichtangaben im Anhang, sowohl über die Ausübung des Wahlrechts als auch über die Auswirkung auf den Abschluss. Beispielsweise müssen bei der Anwendung des Umsatzkostenverfahrens auch umfangreiche Angaben zu den Gesamtkosten im Anhang sowohl gemäß UGB als auch dHGB gegeben werden.

Bereinigung impliziter Wahlrechte:
Generell besteht in jeder Rechnungslegungsnorm eine Vielzahl impliziter Wahlrechte. Diese Wahlrechte sind im Gesetzestext bzw der Rechnungslegungsnorm nicht explizit festgeschrieben, ergeben sich jedoch implizit aufgrund der Auslegung derselben. Sowohl im dHGB als auch im UGB sind wesentliche implizite Wahlrechte, bspw. in der Bewertung der unfertigen und fertigen Erzeugnisse, enthalten. Änderungen im Zeitablauf sind, wie im Kapitel 2. und 3. dargestellt, durch das Unternehmen sowohl gemäß dHGB als auch UGB offenzulegen. In der Praxis erfolgt diese Offenlegung im Regelfall nur bei wesentlichen Änderungen, da die Ermittlung der Daten und die Darstellung im Anhang aus Wirtschaftlichkeitsüberlegungen zumeist unterbleibt.

Stille Reserven:
Unter stillen Reserven versteht man Vermögenswerte, deren Buchwerte unter – oder Schulden, deren Buchwerte derzeit über – dem Marktwert liegen. Insbesondere aufgrund des im Kapitel 2 dargestellten Vorsichtsprinzips kann es zur Bildung von beträchtlichen stillen Reserven kommen. Typische stille Reserven sowohl gemäß dHGB als auch UGB bestehen auf der Aktivseite der Bilanz bei Grundstücken und Beteiligungen, deren Marktwert deutlich über den historischen Anschaffungskosten liegt, im abnutzbaren Sachanlagevermögen aufgrund zu hoher Abschreibungsraten oder auf der Passivseite der Bilanz bei Rückstellungen, deren Marktwert unter dem Buchwert liegt.

Stille Lasten:
Stille Lasten sind das Gegenteil von stillen Reserven. Üblicherweise sollte es sowohl gemäß dHGB als auch gemäß UGB nicht zur Bildung von stillen Lasten kommen. Mögliche stille Lasten ergeben sich in der Praxis dennoch vor

allem aus fehlenden oder zu niedrig eingeschätzten Rückstellungen wie beispielsweise bei Gerichtsverfahren oder die Verpflichtung für Umweltschutzmaßnahmen wie die Rekultivierung von Grundstücken.

Umgliederungen:
Umgliederungen betreffen sowohl Saldierungen als auch Umgliederungen zwischen den einzelnen Posten des Gliederungsschemas ohne Saldierung. Beispielsweise können die liquiden Mittel mit den Bankverbindlichkeiten saldiert oder geplante Ausschüttungen an die Eigentümer bereits aus dem Eigenkapital in die Verbindlichkeiten umgegliedert werden.

Sonstige Bereinigungen:
Unabhängig von den bereits angeführten Schritten können auch sonstige Bereinigungen aufgrund betriebswirtschaftlicher Überlegungen notwendig sein. Sollen beispielsweise zwei Unternehmen verglichen werden, wobei eines vorrangig die Gegenstände des Anlagevermögens langfristig mietet oder least, während das andere die Gegenstände kauft, ist die Vergleichbarkeit der Bilanz nicht gegeben, obwohl vergleichbare Risikopositionen bestehen können. Wurden durch das Unternehmen die Bewertungsmethoden im wesentlichen Umfang geändert, sollten die letzten Jahre im Zuge der Bereinigung ebenfalls an die geänderte Bewertungsmethodik angepasst werden. Teilweise werden nachträgliche Korrekturen der letzten zwei Jahre auch von den finanzierenden Banken verlangt, sofern es zu wesentlichen Änderungen der Bewertungsmethoden gekommen ist.

4.2.1.2. Bereinigung der Erfolgsrechnung
Grundsätzlich gehören die bei der Bereinigung für die Vermögenswerte und Schulden angeführten Bereinigungsschritte, sofern sie eine Auswirkung auf die Erfolgsrechnung haben, auch in dieser analog erfasst. Weiters können auch zusätzliche Umgliederungen in der Erfolgsrechnung notwendig sein.
Ein in der Praxis häufig anzutreffender zusätzlicher Punkt in der Erfolgsrechnung ist die Bereinigung für aperiodische und außerordentliche Aufwendungen und Erträge. Insbesondere für die Beurteilung der Ertragslage im Zuge von Unternehmenskäufen ist es üblich, die Erfolgsrechnung um außerordentliche

und aperiodische Aufwendungen zu bereinigen. Aperiodische Aufwendungen gehören den Perioden zugeteilt, die sie betreffen. Außerordentliche Aufwendungen werden gänzlich aus der Analyse ausgeschieden. Ziel, insbesondere bei der Unternehmensbewertung, ist es, durch diese Vorgehensweise einen nachhaltigen Erfolg zu ermitteln, der eine höhere Aussagekraft über die zukünftige Ertragslage des Unternehmens bietet. Problematisch ist hier insbesondere die Beschaffung der Informationen und die Beurteilung, welche Aufwendungen oder Erträge als aperiodisch oder außerordentlich anzusehen sind.

4.2.2. Gliederung und Informationsverdichtung

Eine einheitliche Gliederung der Daten ist für die Vergleichbarkeit eine wesentliche Voraussetzung. Beim betriebsinternen Vergleich ist eine einheitliche Gliederung im Regelfall bereits durch einen einheitlichen Konzernkontenplan sichergestellt. Bei der Analyse von Jahresabschlüssen gemäß UGB und dHGB wird diese wesentlich erleichtert, da, wie in Kapitel 2. und 3. dargestellt, eine einheitliche Gliederung durch das Gesetz vorgegeben und eine einmal gewählte Gliederung beizubehalten ist. Auf Basis dieser Gliederung kann dann entsprechend der Zielsetzung der Bilanzanalyse eine einheitliche Gliederung für die Analyse definiert werden. Die Informationen werden in diesem Schritt regelmäßig bereits verdichtet, um die Übersichtlichkeit zu erhöhen und die Informationen auf den Analysebereich zu beschränken. Bei vergleichenden Analysen von lediglich einigen Jahresabschlüssen oder nur einem Jahresabschluss im Zeitablauf, ist eine Vereinheitlichung der Gliederung einfacher möglich. Sollen Unternehmen in ganz Europa verglichen werden, stellt eine einheitliche Gliederung bereits ein schwieriges Unterfangen dar.

4.2.3. Die einheitliche Gliederung des Bank for the Accounts of Companies Harmonised (BACH)-Projekts

Um die Analyse von Jahresabschlüssen innerhalb Europas zu ermöglich, wurde durch die Europäische Kommissionen das BACH-Projekt zur Analyse der finanziellen Struktur und Performance von europäischen Unternehmen gestartet. Im Zuge dessen wurde eine Datenbank entwickelt, in die die nationalen Daten von Österreich, Belgien, Frankreich, Deutschland, Italien, den Niederlanden, Polen, Portugal und Spanien eingemeldet werden. Zusätzlich wurden eine einheitliche Bilanz- und GuV-Struktur sowie einheitliche Anhangsangaben für diese Länder entwickelt, um einen Vergleich zu ermöglichen.

4.2.3.1. Aktivseite der Bilanz des BACH-Projekts

Die Gliederung der einheitlichen Bilanz-Aktivseite ist folgender Abbildung zu entnehmen:

Aktiva in % der Bilanzsumme		Inhalt
A1	Anlagevermögen	(A11+A12+A13)
A11	Immaterielles Anlagevermögen	Beinhaltet Marken, Patente, Schutzrechte, Lizenzen usw., auch wenn diese Vermögenswerte als Finanzierungsleasing geführt werden. Dieser Posten beinhaltet außerdem Firmenwerte, sofern gesondert ausgewiesen.
A12	Sachanlagevermögen	Beinhaltet Grundwerte, Gebäude, Maschinen, Büro und Geschäftsausstattung usw., auch wenn diese Vermögenswerte als Finanzierungsleasing geführt werden. Dieser Posten beinhaltet außerdem biologische Vermögenswerte und als Finanzinvestitionen gehaltene Immobilien.
A13	Finanzanlagevermögen	Beinhaltet Anteil und Ausleihungen an sonstigen Unternehmen.
A131	davon Anteile an verbundenen und assoziierten Unternehmen sowie Genussrechten	Details zum Finanzanlagevermögen betreffend Anteile an verbundenen Unternehmen, assoziierten Unternehmen und gemeinschaftlich geführten Unternehmen.
A2	Vorräte	Beinhaltet Roh-, Hilfs- und Betriebsstoffe, Handelswaren, unfertige und fertige Erzeugnisse sowie verbrauchbare biologische Vermögenswerte
A21	davon geleistete Anzahlung	Details zu den geleisteten Anzahlungen auf Vorräte
A3	Forderungen aus Lieferungen und Leistungen	Beinhaltet Kreditgewährungen an Kunden für Lieferungen oder Leistungen saldiert mit erhaltenen Vorauszahlungen (ausgenommen geleistete Anzahlungen in L5).
A4	Sonstige Forderungen	Beinhaltet sonstige Forderungen (außer aus Lieferungen und Leistungen) sowie kurzfristige Forderungen zur Veräußerung gehaltene Vermögenswerte (saldiert mit den damit verbundenen Verbindlichkeiten).
A41	kurzfristiger Teil	
A42	langfristiger Teil	
A5	Aktive Rechnungsabgrenzung	beinhaltet aktive latente Steuern und Rechnungsabgrenzungsposten.
A51	kurzfristiger Teil	
A52	langfristiger Teil	
A6	sonstige kurzfristige finanzielle Vermögenswerte	Beinhaltet für Handelszwecke gehaltene finanzielle Vermögenswerte und Derivate.
A7	Liquide Mittel	Beinhaltet Kassa, Bank- und sonstige Guthaben bei Finanzinstituten
A	Bilanzsumme	(A1+A2+A3+A4+A5+A6+A7)=E=L

Abbildung 9: Die Aktivseite der BACH-Bilanz

4.2.3.2. Passivseite der Bilanz des BACH-Projekts

Die Gliederung der einheitlichen Bilanz-Passivseite zeigt sich wie folgt:

	Eigenkapital und Schulden in % der Bilanzsumme	Inhalt
E1	Grundkapital, Rücklagen, Bilanzgewinn und andere Eigenkapitalinstrumente	Beinhaltet Grundkapital, Rücklagen, Eigene Anteile und sonstige Eigenkapitalinstrumente, noch ausstehende Einlagen werden saldiert ausgewiesen. Der Posten beinhaltet außerdem das kumulierte Einkommen vergangener Perioden, das Jahresergebnis sowie vorausbezahlte Dividenden.
E2	Neubewertungen, Anpassungen von Finanzinvestitionen und sonstiges Ergebnis	Beinhaltet die Veränderung aus der Neubewertung von Sach- und immateriellen Anlagevermögen, im Eigenkapital erfasste Anpassungen von finanziellen Vermögenswerten, und sonstige Eigenkapitalveränderungen.
E	Summe Eigenkapital	(E1+E2)
Lp	Rückstellungen	Beinhaltet alle Rückstellungen.
Lp1	davon Rückstellungen für Pensionen und pensionsähnliche Verpflichtungen	Detail der Rückstellungen für Leistungen nach Beendigung des Arbeitsverhältnisses.
L1	Anleihen und anleihenähnliche Verpflichtungen	Beinhaltet Anleihen und Wertpapiere, die von der Gesellschaft begeben wurden.
L11	kurzfristiger Teil	
L12	langfristiger Teil	
L2	Bankverbindlichkeiten	Beinhaltet Schulden der Gesellschaft bei Finanzinstitutionen und Kreditinstituten (inklusive Leasing).
L21	kurzfristiger Teil	
L22	langfristiger Teil	
L3	sonstige Verbindlichkeiten	(L31+L32)
L31	sonstige finanzielle Verbindlichkeiten	Beinhaltet die verbleibende Finanzierung der Gesellschaft (exklusive Finanzierungen aus L1 und L2).
L311	kurzfristiger Teil	
L312	langfristiger Teil	
L32	sonstige nicht-finanzielle Verbindlichkeiten	Beinhaltet sonstige Verbindlichkeiten (außer solchen aus Lieferungen und Leistungen).
L321	kurzfristiger Teil	
L322	langfristiger Teil	
L4	Verbindlichkeiten aus Lieferungen und Leistungen	Beinhaltet Verbindlichkeiten aus Lieferungen und Leistungen, saldiert mit Vorauszahlungen (ausgenommen Anzahlungen in A21).
L5	erhaltene Anzahlungen, kurzfristiger Teil	Beinhaltet erhaltene Anzahlungen auf Bestellungen.
L6	Passive Rechnungsabgrenzung	Beinhaltet passive latente Steuern und passive Rechnungsabgrenzungsposten.
L61	kurzfristiger Teil	
L62	langfristiger Teil	
L	Summe Schulden	(Lp+L1+L2+L3+L4+L5+L6)

Abbildung 10: Die Passivseite der BACH-Bilanz

4.2.3.3. Einheits-Gewinn-und-Verlustrechnung des BACH-Projekts

Hier schließlich die einheitliche Gewinn-und-Verlustrechnung:

GuV in % der Umsatzerlöse		Inhalt
I1	Umsatzerlöse Netto	Beinhaltet Umsätze aus Lieferungen und Leistungen abzüglich Rücklieferungen, Abzügen und Rabatten. Umsätze netto exklusive Umsatz- und Verbrauchsteuern.
I2	Bestandsveränderung	Beinhaltet Veränderungen von Produktionserzeugnissen in der Gewinn-und-Verlustrechnung.
I3	aktivierte Eigenleistungen	Beinhaltet aktivierte Aufwendungen der Gesellschaft der Periode.
I4	sonstige Erträge	Beinhaltet sonstige Erträge mit Ausnahme der in den vorherigen Posten angeführten (I1, I2 und I3).
I41	davon operative Zuschüsse und Förderungen	Details der sonstigen Erträge betreffend Zuschüsse und Förderungen.
I42	davon Finanzerträge	Details zum sonstigen Ertrag betreffend Finanzerträge.
I43	davon außerordentliche Erträge	Details zum sonstigen Ertrag betreffend außerordentliche Erträge.
I5	Herstellkosten, Material und Verbrauchsmaterial	Beinhaltet Materialaufwendungen und Herstellkosten der Periode.
I6	Aufwand für bezogene Leistungen	Beinhaltet Aufwendungen für bezogene Leistungen der Periode.
I7	Personalaufwand	Beinhaltet Personalaufwendungen der Periode.
I8	sonstiger Aufwand	Beinhaltet sonstige Aufwendungen mit Ausnahme der vorher erfassten (I5, I6 und I7).
I81	davon sonstige betriebliche Steuern und betriebliche Gebühren	Details der Aufwendungen aus sonstigen betrieblichen Steuern und Abgaben.
I82	davon Rückstellungen (saldiert mit den Auflösungen)	Details zu den Aufwendungen für Rückstellungen (saldiert mit den Erträgen).
I83	davon Finanzaufwendungen mit Ausnahme von Zinsen auf Finanzverbindlichkeiten	Details zu den sonstigen finanziellen Aufwendungen, ausgenommen Zinsen auf Finanzverbindlichkeiten (aus I10).
I84	davon außerordentliche Aufwendungen und außerplanmäßige Abschreibungen (saldiert mit Auflösungen), ausgenommen auf Vorräte und Forderungen	Details zu sonstigen außerordentlichen Aufwendungen und Zuschreibungen/Abschreibungen auf den Marktwert und außerplanmäßige Abschreibungen (saldiert mit den Zuschreibungen), ausgenommen außerplanmäßige Abschreibungen aus I85.
I85	davon Abschreibungen (saldiert mit den Auflösungen) auf Vorräte und Forderungen	Details der sonstigen Aufwendungen betreffend außerplanmäßige Abschreibungen (saldiert mit den Zuschreibungen) auf Vorräte und Forderungen.
I9	Abschreibungen auf immaterielles und Sachanlagevermögen	Beinhaltet Abschreibungen auf Vermögenswerte in den Posten A11 und A12 der Periode.
I10	Zinsen auf Finanzverbindlichkeiten	Beinhaltet Finanzierungsaufwendungen der Periode.
I11	Steuern vom Einkommen und vom Ertrag	Beinhaltet Steuern vom Einkommen und vom Ertrag der Periode.
It1	Summe Erträge	(I1+I2+I3+I4)
It2	Summe Aufwendungen	(I5+I6+I7+I8+I9+I10+I11)
I13	Gewinn/Verlust der Periode	(It1-It2)

Abbildung 11: Die BACH-Gewinn-und-Verlustrechnung

4.2.3.4. Einheitliche Anhangsangaben des BACH-Projekts

Die einheitlichen Anhangsangaben beschränken sich auf quantitative Angaben zu den Investitionen wie folgt:

Anmerkung: in % der Bilanzsumme		Inhalt
N1	Zugänge abzüglich Erträge/Aufwendungen aus dem Abgang von immateriellen Anlagevermögen	Beinhaltet die Zugänge abzüglich der Erträge/Aufwendungen aus dem Abgang der Periode betreffend dem Posten A11 der Bilanz.
N2	Zugänge abzüglich Erträge/Aufwendungen aus dem Abgang von Sachanlagen	Beinhaltet die Zugänge abzüglich der Erträge/Aufwendungen aus dem Abgang der Periode betreffend dem Posten A12 der Bilanz.
N3	Zugänge abzüglich Erträge/Aufwendungen aus dem Abgang von Finanzanlagen	Beinhaltet die Zugänge abzüglich der Erträge/Aufwendungen aus dem Abgang der Periode betreffend dem Posten A13 der Bilanz.

Abbildung 12: Die BACH Notes-Angaben

4.3. Ermittlung der Analysewerte

Auf Basis der aufbereiteten und bereinigten Daten werden im nächsten Schritt die Analysewerte ermittelt. Analysewerte in unserem Sinne können **Absolutwerte, Kennzahlen** oder auch **Kennzahlensysteme** sein.

4.3.1. Absolutwerte

Absolutwerte einer Periode betreffen entweder einzelne aufbereitete Bilanz- oder GuV-Posten oder werden durch weitere Summen- und Differenzenbildung der aufbereiteten Daten einer Periode gebildet. Werden Durchschnitte über mehrere Perioden identischer Absolutwerte gebildet, ergibt sich ebenfalls wieder ein Absolutwert. Die Einheit ist in Deutschland und in Österreich zumeist Euro, oder Euro/Jahr. Beispiele für Absolutwerte sind der Umsatz (in Euro/Jahr) oder der Vorratsbestand (in Euro). Wird ein durchschnittlicher Vorratsbestand aus Anfangs- und Endbestand gebildet, ergibt sich der durchschnittliche Vorratsbestand eines Jahres (in Euro/Jahr).

4.3.2. Kennzahlen

Kennzahlen in unserem Sinne sind Verhältniszahlen zwischen Absolutwerten. Werden Einzelwerte der Bilanz oder Gewinn-und-Verlustrechnung zur Summe dieser und weiterer Einzelwerte der Bilanz oder Gewinn-und-Verlustrechnung gesetzt, sprechen wir von einem **Anteil** oder einer **Gliederungskennzahl**. Diese wird üblicherweise in Prozent angegeben, beispielsweise der Anteil des Anlagevermögens am Gesamtvermögen. Werden

Absolutwerte oder Veränderungen von Absolutwerten über mehrere Perioden in Relation gesetzt, sprechen wir von **Wachstumsraten, Abschmelzraten** oder auch **Indexzahlen**. Ein Beispiel wäre das Umsatzwachstum in Prozent. Alle weiteren Relationen von Absolutwerten bezeichnen wir allgemein als **Verhältniskennzahlen**. Nachdem nur sinnvolle **Verhältniskennzahlen** gebildet werden sollen, bei denen auch ein Sachzusammenhang besteht, werden Verhältniskennzahlen, bei denen ein Sachzusammenhang besteht, auch als **Beziehungskennzahlen** bezeichnet. Ein Beispiel für eine Verhältniskennzahl wäre die Gesamtkapitalrentabilität, bei der das EBIT in Relation zum durchschnittlichen Gesamtkapital betrachtet wird.

4.3.3. Kennzahlensysteme

Da einzelne Kennzahlen oft nicht ausreichen, um die Ziele der Analyse abzudecken, werden im Regelfall mehrere Kennzahlen zu Kennzahlensystemen zusammengefasst. Im Idealfall decken diese Kennzahlen die Ziele der Analyse ab, ohne dabei redundante oder für die Ziele nicht aussagekräftige Kennzahlen zu enthalten. Werden die Kennzahlen eines Kennzahlensystems in weiterer Folge zu einer einzelnen Kennzahl verknüpft, spricht man auch von **Spitzenkennzahlensystemen**.

4.4. Beurteilung der Analysewerte und Ursachenanalyse

Wurden die Analysewerte aus den vorhandenen Daten ermittelt, müssen diese im nächsten Schritt interpretiert werden. Wie bereits erwähnt, ist der wesentliche Ansatz für die Beurteilung der Analysewerte der Vergleich. Vergleiche können beispielsweise mit Konkurrenzunternehmen, betriebsintern zwischen Betriebsstätten oder konzernintern zwischen Schwestergesellschaften erfolgen. Häufig wird auch eine Gruppe von Vergleichsunternehmen zu sogenannten **Peer Groups** zusammengefasst. Es kann auch ein gesamter Industriezweig oder eine Gruppe von Industriezweigen zum Vergleich herangezogen werden.

Ein weiterer Ansatzpunkt ist der Vergleich im Zeitablauf. Werden die gleichen Kennzahlen im Zeitablauf regelmäßig ermittelt, kann auf Basis der

Analyse der Veränderungen ein Rückschluss über Entwicklungstendenzen gezogen werden. Wichtig ist jeweils die Ursachenanalyse. Durch eine Analyse, aus der hervorgeht, dass die Ertragskraft des Unternehmens sinkt, ohne jedoch die Ursache dafür zu nennen, ist noch nicht viel gewonnen. Gerade die Beurteilung der Analysewerte und die Ursachenanalyse stellt in der Praxis eines der größten Probleme dar. Wie bereits unter Kapitel 1.4. dargestellt, ist gerade die Vergleichbarkeit oft mit Schwierigkeiten behaftet. Unterschiedliche Rechnungslegungsregime und die Ausnützung von Bilanzspielräumen führen dazu, dass objektiv identische Sachverhalte in der Bilanzanalyse zu unterschiedlichen Ergebnissen zwischen den Unternehmen führen können. Bei der Suche nach den Ursachen können aufgrund fehlender Zusatzinformationen oder Fehlinterpretationen von vorhandenen Informationen leicht falsche Schlüsse gezogen werden.

4.5. Ableiten von Maßnahmen auf Basis der Beurteilung und Ursachenanalyse

Wurden die Analysewerte entsprechend beurteilt und Ursachen festgestellt, werden daraus Maßnahmen abgeleitet. Maßnahmen können je nach dem Ziel der Bilanzanalyse vielfältig sein. Beispielsweise kann eine Verminderung des Fremdkapitalanteils zur Erhöhung der Bonität beschlossen werden. Auch Kauf- oder Verkaufsentscheidungen können abgeleitete Maßnahmen sein. Im Idealfall sollten durch die Maßnahmen Zielwerte definiert werden, um eine spätere Kontrolle zu ermöglichen.

4.6. Kontrolle der Ergebnisse der Maßnahmen

Nach Umsetzung der Maßnahmen sollte deren Erfolg auch im Zeitablauf überwacht werden. Üblicherweise wird die Bilanzanalyse in regelmäßigen Zeitabständen erneut durchgeführt, um die Wirksamkeit der Maßnahmen zu überprüfen. In vielen Unternehmen kommt es zu einer Institutionalisierung der Kontrolle durch regelmäßige Berichterstattung von Analysewerten.

Kapitel 5

Ausgewählte Analysewerte der Bilanzanalyse

Zunächst sind absolute Cashflow- und Ergebniskenngrößen zu eruieren, die auch für viele weitere Kennzahlen die Grundlage bilden. Für die anschließenden Kennzahlen wird jeweils eine entsprechende Formel verwendet. Einfache Beispiele verdeutlichen diese Szenarien. Die richtige kritische und objektive Interpretation und Darstellung der Probleme in der Analyse der jeweiligen Kennzahl ist dabei von großer Wichtigkeit. Um einen Eindruck zu erhalten, welche Dimensionen die Kennzahlen in der Praxis annehmen können, werden, sofern die Daten vorhanden waren, gegliedert nach den jeweiligen NACE-Sektionen die Kennzahlen anhand der Daten des BACH-Projekts berechnet.

Zunächst werden absolute Cashflow- und Ergebniskenngrößen besprochen, die auch für viele weitere Kennzahlen die Grundlage bilden. Für die anschließenden Kennzahlen wird jeweils die Formel dargestellt und anhand eines einfachen Beispiels berechnet. Danach folgen die Interpretation und eine Darstellung der Probleme in der Analyse der jeweiligen Kennzahl. Um einen Eindruck zu erhalten, welche Dimensionen die Kennzahlen in der Praxis annehmen können, werden, sofern die Daten vorhanden waren, gegliedert nach den jeweiligen NACE-Sektionen die Kennzahlen anhand der Daten des BACH-Projekts berechnet. Diese Daten sind jedenfalls mit Vorsicht zu betrachten. Sie umfassen aufgrund der im Zeitraum der Erstellung dieses Buches laufenden Datenbankumstellung lediglich die Länder Deutschland, Frankreich, Italien, Portugal und Tschechien. Die Datenbank umfasst außerdem nur einen beschränkten Umfang aller Jahresabschlüsse. Sie sollten jedoch ausreichen, um den Zweck eines ersten Eindrucks zu erfüllen.

5.1. Cashflowkenngrößen

Wie bereits unter Kapitel 1.5. dargestellt, ist eine Cashflowrechnung sowohl bei UGB und dHGB Konzernabschlüssen verpflichtender Bestandteil des Abschlusses. Für die Erstellung der Cashflowrechnung gemäß UGB und dHGB gibt es keine gesetzliche Regelung, allerdings besteht eine Empfehlung in Form eines Fachgutachtens der Kammer der Wirtschaftstreuhänder KFS BW 2 für Österreich und der Stellungnahme des DRSC DRS 2 für Deutschland. Für Zwecke der Bilanzanalyse sind je nach vorhandenen Informationen noch weitere Berechnungsmethoden denkbar. Unabhängig vom verwendeten Rechnungslegungssystem kann zunächst zwischen der direkten und der indirekten Ermittlung unterschieden werden.

5.1.1. Direkte vs indirekte Ermittlung des Cashflows

Die beiden Ermittlungsmethoden sind in nachfolgender Abbildung schematisch dargestellt:

Direkte Ermittlung	Indirekte Ermittlung
	Jahreserfolg
+ Einzahlungen	+ nicht zahlungswirksame Aufwendungen
- Auszahlungen	- nicht zahlungswirksame Erträge
= Cashflow	= Cashflow

Abbildung 13: Schematische Ermittlung des Cashflows

In der Praxis überwiegt die indirekte Berechnungsmethode, da für die direkte Ermittlung die Daten zumeist nicht vorhanden sind.

5.1.2. Unterschiede zwischen den Berechnungsmethoden

Die gängigsten Bewertungsmethoden unterteilen die Ermittlung des Cashflows in einen **operativen**, einen **Investitions-** und einen **Finanzierungscashflow**. Die Unterschiede zwischen den Berechnungsmethoden ergeben sich dann hinsichtlich der Detailtiefe der Aufgliederungen der einzelnen Ein- und Auszahlungen, der Saldierung von Cashflows, unterschiedlichen Zwischensummen sowie der Zuteilung der einzelnen Cashflows zum operativen, Investitions- und Finanzierungscashflow.

5.1.3. Der operative Cashflow

Die Ermittlung des operativen Cashflows erfolgt in der Praxis zumeist indirekt. Schematisch ist die Darstellung wie folgt:

	Operativer Cashflow
	Jahreserfolg
+	Abschreibungen
+/-	Veränderungen langfristiger Rückstellungen
+/-	Veränderungen Working Capital
=	Operativer Cashflow

Abbildung 14: Schematische Ermittlung des operativen Cashflows

Der operative Cashflow soll, wie der Name bereits verrät, die Ein- und Auszahlungen der operativen Geschäftstransaktionen umfassen. Die Zuteilung zum operativen Cashflow ist bei den unterschiedlichen Berechnungsmethoden nicht immer eindeutig. Gemäß DRS 2 aber auch gemäß KFS BW 2 bestehen beispielsweise Wahlrechte insbesondere für gezahlte und erhaltene Zinsen sowie gezahlte und erhaltene Dividenden.

5.1.4. Der Investitionscashflow

Der Investitionscashflow zeigt die Ein- und Auszahlungen des Anlagevermögens schematisch wie folgt:

Investitionscashflow
+ Einzahlungen aus Anlageabgänge
- Auszahlungen aus Anlagezugängen
= Investitionscashflow

Abbildung 15: Schematische Darstellung des Investitionscashflows

Anlagevermögen umfassen sowohl das immaterielle und Sachanlagevermögen als auch das Finanzanlagevermögen. Wie bereits beim operativen Cashflow erwähnt, werden teilweise die erhaltenen Zinsen oder Dividenden aus Finanzanlagen als Investitionseinzahlungen und teilweise als operative Einzahlungen gezeigt.

5.1.5. Der Finanzierungscashflow

Der Finanzierungscashflow zeigt die Ein- und Auszahlungen der Finanzierung des Unternehmens wie folgt:

Finanzierungscashflow
+ Einzahlungen aus der Zuführung von Eigenkapital
- Auszahlung an die Eigentümer
+ Einzahlungen aus der Aufnahme von Finanzverbindlichkeiten
- Auszahlungen aus der Rückführung von Finanzverbindlichkeiten
= Finanzierungscashflow

Abbildung 16: Schematische Darstellung des Finanzierungscashflows

Analog zum operativen Cashflow werden gezahlte Zinsen und gezahlte Dividenden wahlweise im operativen, wahlweise im Finanzierungscashflow abgebildet.

5.1.6. Würdigung im Zuge der Bilanzanalyse

Die große Bedeutung des Cashflows in der Praxis liegt vor allem darin, dass der Cashflow theoretisch nur durch reale Bilanzpolitik, nicht aber durch Einschätzungen des Bilanzierenden beeinflussbar ist. Langfristig kann ein Unternehmen mit negativem Cashflow nicht überleben. Kritisch ist jedoch anzumerken, dass der Bilanzierung nach wie vor und aus gutem Grund der Vorrang über die Einnahmen-/Ausgabenrechnungen, und damit einer reinen Cashflowbetrachtung, gegeben wird. Die Cashflowrechnung ist im Regelfall wesentlich volatiler als die Ergebniskenngrößen der doppelten Buchhaltung, wodurch eine Prognose für die Zukunft auf Basis der Vergangenheit wesentlich erschwert wird. Wichtige Informationen, wie die Verteilung von Sachanlageninvestitionen über die Nutzungsdauer im Zuge der Abschreibung, werden nicht berücksichtigt, wodurch die Einschätzung und die Vergleichbarkeit zwischen Unternehmen rein auf Basis der Cashflows weiter erschwert werden. Der Vorteil der Cashflowrechnung liegt daher vor allem in der zusätzlichen Information zu den anderen Analysewerten.

5.1.7. Problembereiche bei der Analyse und Vergleichbarkeit von Cashflowrechnungen

Insbesondere bei verbundenen Unternehmen bestehen oftmals Probleme bei der Aufteilung der Forderungen und Verbindlichkeiten gegenüber verbundenen Unternehmen in den operativen, den Finanzierungs- oder den Investitionsbereichen. Auch für offene Verbindlichkeiten aus Anlageinvestitionen erfolgt typischerweise keine getrennte Erfassung, wodurch der Investitionscashflow verfälscht wird. Für Konzerncashflowrechnungen bestehen in der Praxis erhebliche Probleme bei der Bereinigung von Fremdwährungseffekten aus der Umrechnung.

Im Rahmen der realen Bilanzpolitik werden durch die Unternehmen rund um den Stichtag oftmals Ein- und Auszahlungen verschoben, um den Cashflow zu verbessern. Beispielsweise werden Zahlläufe vor dem Stichtag ausgelassen, Forderungen eingetrieben oder Vorratsbestände vermindert, um damit Finanzverbindlichkeiten zu tilgen. Ein weiteres Problem stellen Leasingvereinbarungen und Instandhaltungsaufwendungen dar. Leasingraten werden aufgrund mangelnder Information häufig vollständig dem operativen Bereich zugeordnet, obwohl sie betriebswirtschaftlich einer Investition gleichen. Instandhaltungsaufwendungen können zum Teil aktivierungsfähige Aufwendungen umfassen, die im Zweifel – beispielsweise aufgrund steuerlicher Überlegungen – nicht aktiviert und damit im operativen Cashflow gezeigt werden.

5.2. Ergebniskenngrößen

Gemäß § 231 UGB und § 275 dHGB sind bereits vordefinierte Ergebniskenngrößen anzugeben. Dazu zählen das Betriebsergebnis, das Ergebnis der gewöhnlichen Geschäftstätigkeit sowie der Jahresüberschuss/-fehlbetrag und der Bilanzgewinn/-verlust. Weitere Ergebniskenngrößen als die kodifizierten dürfen im Regelfall im Abschluss nicht angeführt werden. International durchgesetzt haben sich als Kenngrößen jedoch hauptsächlich das **EBITDA**, das **Operating Income**, das **EBIT**, das **EBT** und das **Net Income**. Häufig werden diese Kenngrößen aufgrund der internationalen Bedeutung auch im Lagebericht angeführt und erläutert. Die folgende Darstellung gibt einen schematischen Überblick über die Ermittlung der internationalen Ergebniskenngrößen:

Ergebniskenngrößen	Operating Income	EBIT	EBITDA	EBT	Net Income
+ Betriebliche Erträge	✓	✓	✓	✓	✓
- Betriebliche Aufwendungen	✓	✓	✓	✓	✓
+ Finanzerträge		✓	✓	✓	✓
+ Abschreibungen			✓		
- Zinsenaufwendungen				✓	✓
- Steuern					✓

Abbildung 17: Ergebniskenngrößen

5.2.1. Anforderungen an die Ergebniskenngrößen

Welcher Ergebniskenngröße im Rahmen der Bilanzanalyse die größte Bedeutung beigemessen werden soll, hängt wieder von der Zielsetzung der Bilanzanalyse ab. Für das gesetzte Ziel der Bilanzanalyse sollte die Ergebniskenngröße eine möglichst hohe Qualität aufweisen. Zur Beurteilung der Qualität wurden in der Literatur verschiedene Metakennzahlen entwickelt. *Wagenhofer & Dücker* (2007) stellen folgende in der Literatur am häufigsten verwendeten Maßgrößen dar:

Maßgröße	Erläuterung
Beständigkeit	Nachwirkungen der Ergebnisgröße auf die folgenden Geschäftsjahre
Prognosefähigkeit	Prognose der zukünftigen Ergebnisse oder Cashflows aus den zeitlich vorgelagerten Ergebnissen
Volatilität und Glättung	Volatilität der Ergebniskenngröße
Qualität der Periodenabgrenzung	Maßzahl für die Qualität der ermittelten Periodenabgrenzung
Bilanzpolitik	Maßzahl für das Ausmaß der betriebenen Bilanzpolitik
Zeitnähe	Maßzahl für die zeitliche Nähe der Ergebniskenngröße zur ökonomischen Entwicklung
Vorsicht	Maßzahl für die zeitlich frühere Erfassung von Verlusten als von Gewinnen
Wertrelevanz	Maßzahl für die Korrelation des Unternehmenswertes mit der Ergebniskenngröße

Bereits die Anzahl der Maßgrößen für die Beurteilung der Qualität von Ergebniskenngrößen deutet darauf hin, dass es bisher keine befriedigende Antwort seitens der theoretischen und empirischen Forschung darauf gibt, welchen Ergebniskenngrößen tatsächlich der höchste Stellenwert beigemessen werden soll. Eine weltweite Studie durch *Barton/Hansen/Pownall* (2010) anhand von sieben Ergebnismaßzahlen für die Wertrelevanz der Ergebniskenngrößen kam zu keinem einheitlichen Ergebnis. Tendenziell geben die Autoren an, dass Kenngrößen, die mehr „in der Mitte" der Gewinn-und-Verlustrechnung liegen, wie beispielsweise das EBITDA oder das operative

Ergebnis, eine höhere Wertrelevanz aufweisen, als Ergebniskenngrößen „am Beginn", wie der Umsatz, oder „am Ende" der Gewinn-und-Verlustrechnung, wie das Net Income. Interessanterweise wurde in dieser Studie für Deutschland die höchste Wertrelevanz für das EBITDA und für Österreich für das EBT ermittelt. Insgesamt kommen die Autoren zu dem Ergebnis, dass die Wertrelevanz dann hoch ist, wenn die Beständigkeit der Ergebnisse hoch ist und außerdem ein starker Zusammenhang mit den operativen Cashflows besteht. Dieser Zusammenhang ist intuitiv einleuchtend, da eine Ergebnisglättung, beispielsweise durch Rückstellungen, zwar die Beständigkeit und Prognosefähigkeit von Ergebnissen erhöht, aber eine Auflösung der Rückstellungen zu keinem Cashflow in der Folgeperiode Bezug hat und daher ökonomisch die Dotierung keinen Informationsgehalt besitzt, sondern im Gegenteil die Ergebniskenngröße verfälscht.

5.2.2. EBITDA

5.2.2.1. Allgemeines

Die derzeit wohl populärste Ergebniskenngröße ist das **EBITDA**. EBITDA steht für „Earnings before interest and taxes, depreciation and amortization". Es handelt sich somit um eine Ergebniskenngröße vor Steuern, Zinsen und Abschreibungen. Vergleicht man das EBITDA mit der Berechnungslogik unter Kapitel 5.1.3. des operativen Cashflows, ist ersichtlich, dass gewisse Überschneidungen bestehen. Das EBITDA kann daher auch als Näherungswert für den operativen Cashflow ohne Working Capital-Veränderungen angesehen werden. Da insbesondere durch die Eliminierung der Abschreibungen der Investitionsbereich großteils ausgeklammert wird, ist es ratsam, diesen im Zuge der Bilanzanalyse gesondert zu betrachten.

5.2.2.2. Adjusted EBITDA

Ein weiterer in der Praxis häufig anzutreffender Ausdruck ist das „**adjusted EBITDA**". Dabei handelt es sich, wie unter Kapitel 4.2.2.2. dargestellt, um eine Bereinigung des EBITDA um außerordentliche Effekte, um so zu einem beständigeren Ergebnis zu gelangen. Diese Vorgehensweise ist dann sinnvoll, wenn die Beständigkeit erhöht wird, ohne den Informationsgehalt über zukünftige Cashflows zu senken. Oftmals erfolgt eine Bereinigung um außerordentliche Effekte, die jedoch auch in zukünftigen Perioden wiederkehren, wodurch es insgesamt zu einer Verschleierung der wahren Ertragskraft des Unternehmens kommt. Sowohl gemäß § 233 UGB als auch gemäß § 277 Abs 4 Z 1 dHGB ist ein eigener Posten für außerordentliche und aperiodische Aufwendungen vorgesehen. Die Verwendung wird allerdings in der Literatur sehr restriktiv gesehen, damit es nicht zur Verschlechterung des Informationsgehalts für den Bilanzleser kommt.

5.2.2.3. Problembereiche bei der Analyse und Vergleichbarkeit des EBITDA

Bei der Analyse und der Vergleichbarkeit sind nach unserer Erfahrung insbesondere folgende Bereiche zu beachten:

Leasingverhältnisse: Bei der Beurteilung, ob Operating- oder Finanzierungsleasing vorliegt, besteht ein hoher Spielraum in der Vertragsgestaltung und in der Beurteilung der Verträge. In manchen Rechnungslegungsregimen besteht sogar das Wahlrecht, auch Finanzierungsleasing im operativen Leasingbereich darzustellen. Werden Objekte geleast anstatt gekauft, wird das EBIT üblicherweise durch die Leasingraten vollständig belastet, wodurch das EBITDA niedriger sein kann, als bei einem vergleichbaren Unternehmen, bei dem der selbe Vertrag als Finanzierungsleasing gewertet wird.

Ausweis der Zinsen: Insbesondere bei Personalrückstellungen können sowohl innerhalb eines Rechnungslegungsregimes als auch in unterschiedlichen Rechnungslegungssystemen Zinsen auf Personalrückstellungen unterschiedlich behandelt werden. Die Darstellung erfolgt teilweise im Zinsenaufwand, teilweise im Personalaufwand.

Ermessensspielräume bei der Aktivierungspflicht von Aufwendungen: Vor allem bei Instandhaltungsaufwendungen und Großreparaturen kommt es teilweise zu Ermessensspielräumen, ob der Aufwand zu zeigen oder ein Anlagegut in der Bilanz zu aktivieren und über die Laufzeit abzuschreiben ist. Insbesondere werden bei dieser Entscheidung Faktoren wie die steuerliche Abzugsfähigkeit, die Investitionsrichtlinien des Konzerns und der derzeitige Budgeterreichungsgrad berücksichtigt.

5.2.3. Operating Income

5.2.3.1. Allgemeines

Zieht man vom EBITDA die Finanzerträge sowie die Abschreibungen auf das Sachanlagevermögen und das immaterielle Anlagevermögen ab, kommt man zum **Operating Income** oder auch **Betriebsergebnis**. Das Operating Income berücksichtigt bereits die Investitionen in Form der Abschreibungen. Es gibt Auskunft über die operative Ertragskraft des Unternehmens, unabhängig von der Finanzierungsstruktur, dem Steuerumfeld und den Erträgen eventuell vorhandener Finanzinvestitionen.

5.2.3.2. Problembereiche bei der Analyse und Vergleichbarkeit des Operating Income

Bei der Analyse und der Vergleichbarkeit sind nach unserer Erfahrung insbesondere folgende Bereiche zu beachten:

Außerplanmäßige Abschreibungen: Insbesondere bei der Ermittlung von außerplanmäßigen Abschreibungen besteht ein hoher Bewertungsspielraum, da oftmals zukünftige Cashflows geschätzt werden müssen. Außerplanmäßige Abschreibungen von wesentlichem Umfang sollten daher jedenfalls im Detail analysiert werden.

Abschreibungen auf aufgedeckte stille Reserven: Unter gewissen Voraussetzungen kann es in einigen Rechnungslegungsregimen zu einer erfolgsneutralen Aufdeckung stiller Reserven im Anlagevermögen kommen, die anschließend wieder abgeschrieben werden. Dadurch kommt es zur erhöhten Erfassung von Abschreibungen auf einen Vermögensgegenstand. Nachdem die Ermittlung und Zuteilung der stillen Reserven üblicherweise einen sehr hohen Bewertungsspielraum enthält, kann es eher zu einer Verfälschung als zu einer Verbesserung des Informationsgehalts kommen.

Ausweis der Zinsen: Auch beim Operating Income gilt das beim EBITDA für den Ausweis der Zinsen auf Personalrückstellungen angeführte.

5.2.4. EBIT

5.2.4.1. Allgemeines

Addiert man zum Operating Income die Erträge aus der Investition in Finanzanlagen, erhält man das **EBIT** oder „Earnings before interest and taxes". Auch das EBIT erfreut sich in der Praxis hoher Beliebtheit und ist wohl gemeinsam mit dem EBITDA die häufigst verwendete Ergebniskenngröße. Wie bereits das Operating Income ist sie unabhängig von der Finanzierungs- und Steuerstruktur des Unternehmens und wird daher besonders gerne als Steuerungskenngröße von Unternehmen eingesetzt.

5.2.4.2. Adjusted EBIT

Auch beim EBIT erfolgt teilweise – wie beim EBITDA – eine Bereinigung um außerordentliche Effekte auf ein „**adjusted EBIT**". Es gilt auch hier das im Kapitel 5.2.2. angeführte. Nachdem es sich um ein Ergebnis vor Zinsen handelt, ist es unabhängig von der Finanzierungsstruktur des Unternehmens, wodurch ein Vergleich mit der operativen Ertragskraft anderer Unternehmen einfacher wird. Durch den Abzug der Abschreibungen sind im EBIT die Investitionen bereits berücksichtigt.

5.2.4.3. Problembereiche bei der Analyse und Vergleichbarkeit des EBIT

Für die Analyse des EBIT gelten im Wesentlichen die im Kapitel über das Operating Income angeführten Problembereiche.

5.2.5. EBT

5.2.5.1. Allgemeines

Nach Abzug der Zinsen vom EBIT erhält man da **EBT** oder „Earnings before taxes". Bei dieser Ergebniskenngröße wird die Finanzierungsstruktur des Unternehmens bereits berücksichtigt, lediglich die Steuern bleiben ohne Berücksichtigung.

5.2.5.2. Problembereiche bei der Analyse und Vergleichbarkeit des EBT

Da das EBT bereits so gut wie alle Ertrags- und Aufwandsposten umfasst, ist das Risiko einer Verschiebung zwischen EBT und anderen Ergebniskenngrößen, die die Vergleichbarkeit beeinträchtigen, eher gering. Es enthält deshalb aber auch umgekehrt alle Glättungseffekte und Bewertungsunterschiede, die die Vergleichbarkeit mit anderen Unternehmen beinträchtigen können.

5.2.6. Net Income

5.2.6.1. Allgemeines

Werden schließlich noch die Steuern berücksichtigt, erreicht man ausgehend vom EBT das **Net Income**.

5.2.6.2. Problembereiche bei der Analyse und Vergleichbarkeit des Net Income

Analog zum EBT umfasst das Net Income die Ergebnisse aller Bewertungsunterschiede und Glättungseffekte, wodurch der Vergleich teilweise wesentlich erschwert werden kann.

5.3. Umsatzanalyse

Als absolute Kenngröße wird dem Umsatz neben den Ergebniskenngrößen viel Beachtung geschenkt. Im Zuge der Bilanzanalyse können aus den absoluten Umsatzwerten insbesondere Wachstumsraten und die Umsatzvariabilität abgeleitet werden.

5.3.1. Umsatzwachstum

$$\text{Umsatzwachstum in \%} = \left(\frac{\text{Umsatz des Geschäftsjahres}}{\text{Umsatz des Vorjahres}} - 1\right) \cdot 100$$

5.3.1.1. Beispiel zur Berechnung des Umsatzwachstums

> **Angabe:**
> Die Mayer GmbH erwirtschaftet im Geschäftsjahr einen Umsatz von EUR 110.000 und im Vorjahr einen Umsatz von EUR 100.000.

Lösung:

$$\text{Umsatzwachstum} = \left(\frac{110.000}{100.000} - 1\right) \cdot 100 = 10\%$$

5.3.1.2. Interpretation des Umsatzwachstums im Zuge der Bilanzanalyse

Das **Umsatzwachstum** drückt die Steigerung oder Abnahme des Umsatzes in Prozent aus. Generell wird hohes Umsatzwachstum als Vorteil angesehen, da bei gesteigerten Umsätzen eine höhere Degression der Fixkosten des Unternehmens möglich wird. Nachteilig ist bei hohem Umsatzwachstum üblicherweise der steigende Finanzierungsbedarf, da die Leistungen vorfinanziert werden müssen, wodurch es zu einem Liquiditätsengpass kommen kann. Dieser Kennzahl wird insbesondere bei Wachstumsunternehmen und Start-Ups hohe Beachtung geschenkt.

5.3.1.3. Kritische Würdigung des Umsatzwachstums

Je nach Rechnungslegungsregime können die Zeitpunkte der Realisierung von Umsatzerlösen variieren. Beispielsweise können gemäß § 252 dHGB Umsätze bei langfristigen Auftragsfertigungen bereits vorsichtig anteilig realisiert werden, während gemäß UGB eine Realisierung erst mit dem Abschluss der Fertigung möglich wird. Im Rahmen der realen Bilanzpolitik werden Umsätze häufig zwischen den Perioden verschoben, wenn beispielsweise Budgets bereits erreicht wurden. Schlussendlich sollte man im Hinterkopf behalten, dass Umsätze zu den Gebieten mit dem höchsten Risiko für dolose Handlungen zählen (vgl beispielsweise Hogan et al [2008]).

5.3.1.4. Überblick empirischer Werte aus der BACH-Datenbank für die teilnehmenden Länder

Die folgende Tabelle gibt einen Überblick des Umsatzwachstums von 2008 bis 2011 für ausgewählte Sektoren der NACE-Gliederung:

Sektor	Bezeichnung	2008-2009	2009-2010	2010-2011
C	Verarbeitendes Gewerbe/Herstellung von Waren	-15,53%	11,54%	8,41%
F	Baugewerbe/Bau	-2,43%	0,88%	2,73%
G	Handel; Instandhaltung und Reparatur von Kraftfahrzeugen	-7,76%	7,07%	6,96%
I	Gastgewerbe/Beherbergung und Gastronomie	-2,15%	4,84%	4,98%
Z0	Gesamt ohne Holdinggesellschaften	-8,88%	7,90%	6,93%

Tabelle 8: Umsatzwachstum (Quelle: BACH)

5.3.2 Umsatzvolatilität

$$\text{Umsatzvolatilität} = \frac{\sqrt{\frac{1}{n}\sum_{i=1}^{n}(U_i - \bar{U})^2}}{\frac{1}{n}\sum_{i=1}^{n}U_i}$$

U_i ... Umsatz des Jahres
n ... Anzahl der Jahre
$\bar{U}$ ... Arithmetisches Mittel der Umsatzerlöse

5.3.2.1. Beispiel zur Berechnung der Umsatzvolatilität

Angabe:
Die Mayer GmbH erwirtschaftet im Geschäftsjahr einen Umsatz von EUR 110.000, im Vorjahr einen Umsatz von EUR 100.000 und im Vorvorjahr einen Umsatz von EUR 105.000.

Lösung:

$\bar{U} = (110.000 + 100.000 + 105.000)/3 = 105.000$

$$\text{Umsatzvolatilität} = \frac{\frac{1}{3} \cdot \sqrt{5.000^2 + (-5.000)^2 + 0^2}}{\frac{1}{3} \cdot (105.000 + 100.000 + 110.000)} = 2{,}45\%$$

5.3.2.2 Interpretation der Umsatzvolatilität im Zuge der Bilanzanalyse

Die **Umsatzvolatilität** ist eine Risikokennzahl für das Geschäftsrisiko der Gesellschaft. Bei hoher Umsatzvolatilität besteht ein höheres Risiko für die Deckung der Fixkosten. Starke Umsatzschwankungen sind eine der Hauptursachen für die Schwankung der Ergebniskenngrößen. Die Division durch den durchschnittlichen Umsatz erfolgt, um die Volatilität unabhängig von der Höhe des absoluten Umsatzes und damit von der Größe des Unternehmens darzustellen.

5.3.2.3 Kritische Würdigung der Umsatzvolatilität

Grundsätzlich bestehen auch für die Umsatzvolatilität die gleichen Probleme wie bei der Analyse des Umsatzwachstums. Zusätzliche Probleme ergeben sich bei der Analyse von Unternehmen, die einen starken Wachstumstrend aufweisen. Da die Volatilität auf den durchschnittlichen Umsatz bezogen wird, errechnen sich hohe Umsatzvolatilitäten, die auf ein höheres Geschäftsrisiko hindeuten. Folgt das Unternehmen aber tatsächlich einem kontinuierlichen Umsatztrend, wird das Geschäftsrisiko überbewertet.

5.4. Common Size Financial Statements und Intensitäten

Um eine Vergleichbarkeit zwischen Unternehmen unterschiedlicher Größe herzustellen zu können, werden sowohl die Bilanz als auch die Gewinn-und-Verlustrechnung normiert. International üblich ist eine Normierung der Bilanz auf Basis der Bilanzsumme, während die Normierung der Gewinn-und-Verlustrechnung durch den Umsatz erfolgt.

Im deutschsprachigen Raum wird üblicherweise für die Normierung einzelner Posten der Vermögensseite der Bilanz und für die Gewinn-und-Verlustrechnung eine eigene Kennzahl eingeführt, die als Intensität bezeichnet wird. Beispiele hierfür sind die **Anlagenintensität**, die **Vorratsintensität**, die **Forderungsintensität**, die **Materialintensität** und die **Personalintensität**. Im Gegensatz zur international üblichen Normierung auf den Umsatz wird im deutschsprachigen Raum üblicherweise die **Gesamtleistung** herangezogen.

5.4.1. Gesamtleistung

+	Umsatz
+/-	Bestandsveränderung
+	Aktivierte Eigenleistungen
=	Gesamtleistung

5.4.1.1. Beispiel zur Berechnung der Gesamtleistung

Angabe:
Die Mayer GmbH erwirtschaftet im Geschäftsjahr einen Umsatz von EUR 110.000. Die Veränderung des Bestandes an unfertigen Erzeugnissen sowie an noch nicht abrechenbaren Leistungen beträgt EUR 20.000. Im Zuge der Erstellung einer Maschine im Unternehmen wurden Eigenleistungen in der Höhe von EUR 10.000 aktiviert.
Lösung:
Gesamtleistung = 110.000 + 20.000 + 10.000 = 140.000

5.4.1.2. Interpretation der Gesamtleistung im Zuge der Bilanzanalyse
Bei der Analyse der **Gesamtleistung** werden zusätzlich zum Umsatz auch die Bestandsveränderung und die aktivierten Eigenleistungen herangezogen. Der Gesamtleistung wird – insbesondere in der Bauwirtschaft und bei langfristigen Auftragsfertigungen – eine höhere Aussagekraft als den Umsätzen beigemessen. Durch die Einbeziehung der Bestandsveränderung kommt es bei langfristigen Aufträgen zu einer Glättung, da die Umsatzrealisierung punktuell vom Geschäftsjahr der Fertigstellung abhängig ist, während die Bestandsveränderung bereits kontinuierlich über die Geschäftsjahre der Fertigung erhöht wird.

5.4.1.3. Kritische Würdigung der Gesamtleistung
In die Ermittlung der Bestandsveränderung und der aktivierten Eigenleistungen geht insbesondere auch die Bewertung der Herstellkosten der aktivierten Anlagegüter und der aktivierten Vorratsbestände ein. Diese Bewertung unterliegt in der Regel einem hohen Ermessensspielraum durch den Ersteller des

Jahresabschlusses, wodurch im Rahmen der Bilanzpolitik eine Anpassung der Gesamtleistung möglich ist. Weiters gilt für die Analyse der Umsatzerlöse das unter Kapitel 5.3. ausgeführte.

5.4.2. Sachanlagenintensität

$$\text{Sachanlagenintensität} = \frac{\text{Sachanlagevermögen}}{\text{Bilanzsumme}}$$

5.4.2.1. Beispiel zur Berechnung der Sachanlagenintensität

Angabe:
Die Mayer GmbH zeigt in der Bilanz zum Stichtag einen Buchwert des Sachanlagevermögens in Höhe von EUR 30.000. Die gesamte Bilanzsumme beläuft sich auf EUR 110.000.
Lösung:

$$\text{Sachanlagenintensität} = \frac{30.000}{110.000} = 27{,}3\%$$

5.4.2.2. Interpretation der Sachanlagenintensität im Zuge der Bilanzanalyse

Die **Sachanlagenintensität** liefert einen guten ersten Eindruck, ob diesem Bereich des Vermögens bei der weiteren Bilanzanalyse große Bedeutung beigemessen werden muss. Eine hohe Sachanlagenintensität deutet darauf hin, dass die Fixkostenintensität des Unternehmens hoch ist und daher ein hohes Auslastungsrisiko der Anlagen besteht. Außerdem besteht in der Regel eine hohe Kapitalbindung im Anlagevermögen. Umgekehrt deutet jedoch eine hohe Sachanlagenintensität auch auf eine hohe Eintrittsbarriere für Mitbewerber hin, wodurch sich das Geschäftsrisiko wieder vermindern kann.

5.4.2.3. Kritische Würdigung der Sachanlagenintensität
Probleme im Zuge der Bilanzanalyse bereiten insbesondere Leasinggeschäfte, die als Operating Lease qualifiziert werden. Die Sachanlagenintensität

wird dadurch unterschätzt. Außerdem kann es aufgrund der Langfristigkeit des Anlagevermögens und des Anschaffungskostenprinzips zur Bildung erheblicher stiller Reserven kommen. Weiters besteht ein gewisser Ermessensspielraum in der Festlegung der Nutzungsdauer. Wird die Nutzungsdauer als Basis für die steuerliche Gewinnermittlung festgelegt, besteht ein Anreiz, die Nutzungsdauer möglichst kurz zu bestimmen. Selbiges gilt für die Entscheidung, ob es sich um Instandhaltungsaufwendungen oder um ein zu aktivierendes Anlagengut handelt. In der Praxis ergeben sich dadurch erhebliche Unterschiede zwischen den Unternehmen.

5.4.2.4. Überblick empirischer Werte der BACH-Datenbank für die teilnehmenden Länder

Die folgende Tabelle gibt einen Überblick über die Sachanlagenintensität von 2009 bis 2011 für ausgewählte Sektoren der NACE-Gliederung:

Sektor	Bezeichnung	2009	2010	2011
C	Verarbeitendes Gewerbe/Herstellung von Waren	20,56%	20,37%	21,95%
F	Baugewerbe/Bau	12,30%	11,79%	11,03%
G	Handel; Instandhaltung und Reparatur von Kraftfahrzeugen	14,65%	14,44%	16,43%
I	Gastgewerbe/Beherbergung und Gastronomie	42,80%	42,27%	44,38%
Z0	Gesamt ohne Holdinggesellschaften	24,74%	22,29%	22,48%

Tabelle 9: Sachanlagenintensität (Quelle: BACH)

5.4.3. Vorratsintensität

$$\text{Vorratsintensität} = \frac{\text{Vorratsvermögen}}{\text{Bilanzsumme}}$$

5.4.3.1. Beispiel zur Berechnung der Vorratsintensität

Angabe:
Die Mayer GmbH zeigt zum Stichtag einen Buchwert des Vorratsvermögens in Höhe von EUR 50.000 in ihrer Bilanz. Die gesamte Bilanzsumme beläuft sich auf EUR 110.000.

Lösung:

$$\text{Vorratsintensität} = \frac{50.000}{110.000} = 45{,}5\%$$

5.4.3.2. Interpretation der Vorratsintensität im Zuge der Bilanzanalyse

Analog zur Sachanlagenintensität liefert die **Vorratsintensität** einen guten ersten Eindruck, ob diesem Bereich des Vermögens bei der weiteren Bilanzanalyse große Bedeutung beigemessen werden muss.

Eine hohe Vorratsintensität deutet darauf hin, dass Kapital gebunden und typischerweise eine Vorfinanzierung des Vorratsvermögens notwendig ist. Weiters kann es auf Risiken im Bereich der Überalterung oder Verwertung von Vorräten hindeuten.

Daraus kann in weiterer Folge ein Liquiditätsrisiko entstehen, das bei Verwertungsschwierigkeiten und Finanzierungsengpässen bis zur Insolvenz führen kann.

5.4.3.3. Kritische Würdigung der Vorratsintensität

Bei der Bewertung der Vorräte besteht im Regelfall ein hoher Ermessensspielraum, sowohl für die Bewertung von unfertigen und fertigen Erzeugnissen als auch bei der Bewertung von Rohstoffen. Insbesondere bei Klein- und Mittelbetrieben kommt es durch die Bewertung der Vorräte häufig zu einer Glättung der Ergebniskenngrößen. Für eine Detailanalyse fehlen den externen Adressaten zumeist die notwendigen Informationen. Auch im Zuge der Abschlussprüfung gehört die Prüfung der Vorräte aufgrund des hohen Ermessensspielraums zu den schwierigsten Teilgebieten. Weiters ist im Zuge der Bilanzanalyse zu hinterfragen, ob die Bestände zum Stichtag repräsentativ für das Geschäftsjahr sind. Viele Unternehmen reduzieren gezielt zum Stichtag den Vorratsbestand und tilgen mit den frei gewordenen Cashflows Banklinien, um die Vermögens- und Finanzlage besser darzustellen.

5.4.3.4. Überblick empirischer Werte der BACH-Datenbank für die teilnehmenden Länder

Die folgende Tabelle gibt einen Überblick über die Vorratsintensität von 2009 bis 2011 für ausgewählte Sektoren der NACE-Gliederung:

Sektor	Bezeichnung	2009	2010	2011
C	Verarbeitendes Gewerbe/Herstellung von Waren	15,97%	16,11%	17,02%
F	Baugewerbe/Bau	29,40%	27,12%	23,12%
G	Handel; Instandhaltung und Reparatur von Kraftfahrzeugen	20,41%	19,94%	19,52%
I	Gastgewerbe/Beherbergung und Gastronomie	3,34%	3,24%	2,98%
Z0	Gesamt ohne Holdinggesellschaften	11,73%	11,44%	11,78%

Tabelle 10: Vorratsintensität (Quelle: BACH)

5.4.4. Forderungsintensität

$$\text{Forderungsintensität} = \frac{\text{Forderungen aus Lieferungen und Leistungen}}{\text{Bilanzsumme}}$$

5.4.4.1. Beispiel zur Berechnung der Forderungsintensität

Angabe:
Die Mayer GmbH hat zum Stichtag einen Buchwert der Forderungen aus Lieferungen und Leistungen in Höhe von EUR 30.000 in ihrer Bilanz ausgewiesen. Die gesamte Bilanzsumme beläuft sich auf EUR 110.000.

Lösung:

$$\text{Forderungsintensität} = \frac{30.000}{110.000} = 27{,}3\%$$

5.4.4.2. Interpretation der Forderungsintensität im Zuge der Bilanzanalyse

Wie bereits bei der Vorrats- und Sachanlagenintensität ist die Ermittlung der **Forderungsintensität** nützlich, um eine erste Idee über die Relevanz der Forderungen aus Lieferungen und Leistungen zu erhalten. Eine hohe Forderungsintensität kann auf ein erhöhtes Forderungsausfallsrisiko hindeuten – muss es aber nicht, da das Risiko auch wesentlich von der Anzahl und Bonität der Kunden, gegenüber denen Forderungen bestehen, abhängt.

5.4.4.3. Kritische Würdigung der Forderungsintensität

Auch bei der Bewertung der Werthaltigkeit von Forderungen aus Lieferungen und Leistungen besteht ein gewisser Ermessensspielraum, der jedoch im Regelfall geringer als beim Vorratsvermögen ist. Auch bei den Forderungen aus Lieferungen und Leistungen ist wie bei den Vorräten zu hinterfragen, ob die Bestände repräsentativ für das Geschäftsjahr sind. Kennzahlenorientierte Unternehmen versuchen auch hier Anreize zu geben, damit der Forderungsbestand verhältnismäßig niedrig ausgewiesen wird.

5.4.4.4. Überblick empirischer Werte der BACH-Datenbank für die teilnehmenden Länder

Die folgende Tabelle gibt einen Überblick über die Forderungsintensität von 2009 bis 2011 für ausgewählte Sektoren der NACE-Gliederung:

Sektor	Bezeichnung	2009	2010	2011
C	Verarbeitendes Gewerbe/Herstellung von Waren	19,56%	21,16%	23,96%
F	Baugewerbe/Bau	23,23%	25,27%	28,79%
G	Handel; Instandhaltung und Reparatur von Kraftfahrzeugen	24,46%	24,98%	25,47%
I	Gastgewerbe/Beherbergung und Gastronomie	7,30%	7,43%	7,66%
Z0	Gesamt ohne Holdinggesellschaften	15,66%	16,75%	18,62%

Tabelle 11: Forderungsintensität (Quelle: BACH)

5.4.5. Personalintensität

$$\text{Personalintensität} = \frac{\text{Personalaufwand}}{\text{Gesamtleistung}}$$

5.4.5.1. Beispiel zur Berechnung der Personalintensität

Angabe:
Die Mayer GmbH weist zum Stichtag einen Umsatz in Höhe von EUR 110.000 aus. Der Bestand zum Stichtag an unfertigen und fertigen Erzeugnissen beträgt EUR 50.000, der Vorjahresbestand EUR 20.000. Aktivierte Eigenleistungen wurden nicht erfasst. Der gesamte Personalaufwand des Geschäftsjahres beläuft sich auf EUR 20.000.

Lösung:

$$\text{Personalintensität} = \frac{20.000}{110.000 + (50.000 - 20.000)} = 14,3\%$$

5.4.5.2. Interpretation der Personalintensität im Zuge der Bilanzanalyse

Die **Personalintensität** gibt Aufschluss über den Einsatzfaktor Personal. Ein hoher Faktor deutet darauf hin, dass Gehaltsentwicklungen wesentliche

Auswirkungen auf die Ertragslage des Unternehmens haben können. Da der Abbau von Personal in der Regel nur mittel- bis längerfristig möglich ist und hohe versteckte Kosten in der Reputation und Motivation der Mitarbeiter verursacht, kann eine hohe Personalintensität, gekoppelt mit einer hohen Umsatzvolatilität, auf ein hohes Risiko der Ertragslage hindeuten.

5.4.5.3. Kritische Würdigung der Personalintensität

Personalaufwendungen umfassen in der Regel auch Veränderungen von Personalrückstellungen. Für diese Komponenten des Personalaufwands besteht eine erhöhte Schätzunsicherheit. Insbesondere durch die Veränderung der Zinssätze bei der Ermittlung der Personalrückstellungen kann es zu erheblichen Schwankungen kommen. Die tatsächlichen Cashflows der Zukunft können zum Teil signifikant von den auf Basis der Rückstellung erwarteten Werten abweichen.

5.4.5.4. Überblick empirischer Werte der BACH-Datenbank für die teilnehmenden Länder

Die folgende Tabelle gibt einen Überblick über die Personalintensität von 2009 bis 2011 für ausgewählte Sektoren der NACE-Gliederung:

Sektor	Bezeichnung	2009	2010	2011
C	Verarbeitendes Gewerbe/Herstellung von Waren	16,18%	15,04%	13,96%
F	Baugewerbe/Bau	19,44%	19,10%	18,54%
G	Handel; Instandhaltung und Reparatur von Kraftfahrzeugen	7,39%	7,13%	7,25%
I	Gastgewerbe/Beherbergung und Gastronomie	31,92%	31,57%	31,01%
Z0	Gesamt ohne Holdinggesellschaften	14,75%	14,04%	13,65%

Tabelle 12: Personalintensität (Quelle: BACH)

5.4.6. Materialintensität

$$\text{Materialintensität} = \frac{\text{Materialaufwand}}{\text{Gesamtleistung}}$$

5.4.6.1. Beispiel zur Berechnung der Materialintensität

Angabe:
Die Mayer GmbH weist zum Stichtag einen Umsatz in Höhe von EUR 110.000 in der Gewinn-und-Verlustrechnung aus. Der Bestand an unfertigen und fertigen Erzeugnissen beträgt EUR 50.000, der Vorjahresbestand EUR 20.000. Aktivierte Eigenleistungen in Höhe von EUR 10.000 wurden erfasst. Der gesamte Materialaufwand des Geschäftsjahres beläuft sich auf EUR 50.000.
Lösung:

$$\text{Materialintensität} = \frac{50.000}{110.000 + (50.000 - 20.000) + 10.000} = 33{,}3\%$$

5.4.6.2. Interpretation der Materialintensität im Zuge der Bilanzanalyse

Da der Materialeinsatz im Wesentlichen zu den variablen Kosten zählt, kann aus einer hohen **Materialintensität**, gekoppelt mit einer hohen Umsatzvolatilität, im Allgemeinen noch nicht auf ein erhöhtes Risiko für die Ertragslage geschlossen werden. Ungeachtet dessen können Schwankungen der Materialpreise erhebliche Auswirkungen auf die Ertragslage haben, sofern die Preisänderungen nicht an den Kunden weitergegeben werden können.

5.4.6.3. Kritische Würdigung der Materialintensität

Aufgrund des Bewertungsspielraums bei den Vorräten kann der Materialaufwand in nicht unerheblichem Umfang durch den Bilanzierenden beeinflusst werden. Insbesondere bei Klein- und Mittelbetrieben wird dieser Spielraum nach unserer Erfahrung gerne ausgenutzt. Weiters gilt für die Analyse des Nenners das bei der Gesamtleistung unter Kapitel 5.4.1. dargestellte.

5.4.6.4. Überblick empirischer Werte der BACH-Datenbank für die teilnehmenden Länder

Die folgende Tabelle gibt einen Überblick über die Materialintensität von 2009 bis 2011 für ausgewählte Sektoren der NACE-Gliederung:

Sektor	Bezeichnung	2009	2010	2011
C	Verarbeitendes Gewerbe/Herstellung von Waren	56,86%	57,59%	59,08%
F	Baugewerbe/Bau	34,47%	32,35%	26,32%
G	Handel; Instandhaltung und Reparatur von Kraftfahrzeugen	78,70%	78,67%	78,82%
I	Gastgewerbe/Beherbergung und Gastronomie	29,36%	29,07%	29,72%
Z0	Gesamt ohne Holdinggesellschaften	56,29%	56,11%	55,82%

Tabelle 13: Materialintensität (Quelle: BACH)

5.5. Investitionsanalyse

Für die zukünftige Entwicklung von Unternehmen sind Investitionen oft von entscheidender Bedeutung. Werden notwendige Investitionen unterlassen, kommt es aufgrund der Überalterung oder des Ausfalls von Altanlagen zumeist mittel- bis langfristig zu einer Verschlechterung der Ertragslage. Werden Erweiterungsinvestitionen durchgeführt, so werden zusätzliche Kapazitäten für zukünftige Expansionen geschaffen. Zur Analyse, ob regelmäßig in ausreichendem Maße Investitionen getätigt werden, kann die **Investitionsdeckung** oder die Ermittlung des **Anlagenabnutzungsgrads** hilfreich sein.

5.5.1. Investitionsdeckung

$$\text{Investitionsdeckung} = \frac{\text{Nettoinvestitionen ins abschreibbare Anlagevermögen}}{\text{Abschreibungen}}$$

5.5.1.1. Beispiel zur Berechnung der Investitionsdeckung

Angabe:
Der Anlagenspiegel der Mayer GmbH zeigt Zugänge von insgesamt EUR 15.000 im abschreibbaren Anlagevermögen. Der Buchwert zu Beginn des

Jahres betrug EUR 30.000 und am Ende des Jahres EUR 32.000. Die Abschreibungen des Jahres belaufen sich auf EUR 10.000.
Lösung:
Nettoinvestitionen = 15.000 − (30.000 + 15.000 − 10.000 − 32.000) = 12.000

$$\text{Investitionsdeckung} = \frac{12.000}{10.000} = 33{,}3\%$$

5.5.1.2. Interpretation der Investitionsdeckung im Zuge der Bilanzanalyse

Eine ausgeglichene **Investitionsdeckung**, bei der die Nettoinvestitionen den Abschreibungen entsprechen, bedeutet, dass zumindest in Höhe des Wertverzehrs des abschreibbaren Anlagevermögens reinvestiert wurde. Liegen die Nettoinvestitionen langfristig unter der Abschreibung, kann ein Investitionsrückstau oder ein Abbau von Kapazitäten der Grund sein. Liegen die Nettoinvestitionen langfristig über der Abschreibung, deutet die Kennzahl auf eine Kapazitätserweiterung hin.

5.5.1.3. Kritische Würdigung der Investitionsdeckung

Aufgrund des unregelmäßigen Anfalls von Investitionen ist jedenfalls eine mehrjährige Betrachtung der Kennzahl notwendig. Weiters können falsch angenommene Nutzungsdauern zu erheblichen Verzerrungen der Kennzahl führen. Wenn die Nutzungsdauer auch für steuerliche Zwecke herangezogen wird, bestehen regelmäßig Anreize bei Unternehmen, die Nutzungsdauern möglichst kurz anzusetzen. Da sich der Wertverzehr durch die Abschreibung auf historische Anschaffungskosten bezieht, werden außerdem Inflationseffekte und technische Fortschritte nicht berücksichtigt. Somit kann es sowohl zu Kapazitätserweiterungen trotz fehlender Investitionsdeckung als auch zu Kapazitätsrückgängen und Investitionsrückstau trotz vorhandener Investitionsdeckung kommen. Schlussendlich können Leasingvereinbarungen und Instandhaltungsaufwendungen, die nicht im Anlagevermögen erfasst werden, zu erheblichen Verzerrungen der Investitionsdeckung führen.

5.5.1.4. Überblick empirischer Werte der BACH-Datenbank für die teilnehmenden Länder

Die folgende Tabelle gibt einen Überblick über die Investitionsdeckung von 2009 bis 2011 für ausgewählte Sektoren der NACE-Gliederung:

Sektor	Bezeichnung	2009	2010	2011
C	Verarbeitendes Gewerbe/Herstellung von Waren	79,26%	156,42%	171,48%
F	Baugewerbe/Bau	41,38%	230,05%	252,43%
G	Handel; Instandhaltung und Reparatur von Kraftfahrzeugen	60,63%	135,13%	107,39%
I	Gastgewerbe/Beherbergung und Gastronomie	-0,67%	165,29%	158,31%
Z0	Gesamt ohne Holdinggesellschaften	101,07%	212,86%	212,56%

Tabelle 14: Investitionsdeckung (Quelle: BACH)

5.5.2. Anlagenabnutzungsgrad

$$\text{Anlagenabnutzungsgrad} = \frac{\text{kumulierte Abschreibungen}}{\text{durchschnittliche Anschaffungs- und Herstellungskosten}}$$

5.5.2.1. Beispiel zur Berechnung des Anlagenabnutzungsgrades

Angabe:
Der Anlagenspiegel der Mayer GmbH zeigt historische Anschaffungskosten des abschreibbaren Anlagevermögens von insgesamt EUR 60.000 zu Beginn des Jahres und EUR 65.000 am Ende des Jahres. Die kumulierten Abschreibungen laut Anlagenspiegel belaufen sich auf EUR 45.000.

Lösung:

$$\text{Umsatzvolatilität} = \frac{45.000}{\frac{1}{2} \cdot (60.000 + 65.000)} = 0{,}72$$

5.5.2.2 Interpretation des Anlagenabnutzungsgrades im Zuge der Bilanzanalyse

Der Anlagenabnutzungsgrad gibt an, wie weit der Wertverzehr des Anlagevermögens bereits fortgeschritten ist. Ein Anlagenabnutzungsgrad von eins würde bedeuten, dass bereits alle Anlagen vollständig abgeschrieben sind, und – im Falle der korrekt angenommenen Nutzungsdauer – eine Neuanschaffung der Anlagen notwendig wäre. Der Abnutzungsgrad ist daher im Regelfall kleiner als eins.

5.2.2.3 Kritische Würdigung des Anlagenabnutzungsgrades

Auch beim Anlagenabnutzungsgrad können falsch angenommene Nutzungsdauern zu erheblichen Verzerrungen der Kennzahl führen. Aus unserer Erfahrung werden außerdem – aufgrund der unregelmäßig stattfindenden Anlageninventuren und von nicht durchgeführten Verschrottungen – bei vielen Unternehmen die historischen Anschaffungskosten zu hoch ausgewiesen und umfassen Anlagengüter, die teilweise nicht mehr vorhanden oder noch nicht verschrottet sind, aber jedenfalls keiner Nutzung mehr unterliegen. Schließlich können auch bei dieser Kennzahl Leasingvereinbarungen und nicht aktivierte Großreparaturen die Kennzahl erheblich verzerren. Oftmals können in der Praxis durch Betriebsbesichtigungen bessere Erkenntnisse gewonnen werden.

5.6. Kennzahlen der operativen Effizienz

Kennzahlen der operativen Effizienz geben Auskunft darüber, wie effizient das Vermögen und Kapital der Gesellschaft eingesetzt wird. Bezugsgröße ist jeweils der Umsatz im Zähler. Im Nenner stehen entweder das Gesamtvermögen, das Anlagevermögen oder das Eigenkapital. Im deutschsprachigen Raum werden die Kennzahlen als **Umschlagshäufigkeit des Vermögens**, **Umschlagshäufigkeit des Anlagevermögens** und **Umschlagshäufigkeit des Eigenkapitals** bezeichnet.

5.6.1 Umschlagshäufigkeit des Vermögens

$$\text{Umschlagshäufigkeit des Vermögens} = \frac{\text{Umsatzerlöse}}{\text{durchschnittliches Vermögen}}$$

5.6.1.1. Beispiel zur Berechnung der Umschlagshäufigkeit des Vermögens

Angabe:
Die Mayer GmbH erwirtschaftet im Geschäftsjahr einen Umsatz von EUR 110.000. Die Bilanzsumme zu Beginn des Jahres beträgt EUR 150.000 und am Ende des Jahres EUR 140.000.
Lösung:

$$\text{Umsatzvolatilität} = \frac{110.000}{\frac{1}{2} \cdot (140.000 + 150.000)} = 0{,}76$$

5.6.1.2. Interpretation der Umschlagshäufigkeit des Vermögens im Zuge der Bilanzanalyse

Grundsätzlich gilt, dass eine hohe **Umschlagshäufigkeit des Vermögens** auf einen effizienten Einsatz der Vermögenswerte hindeutet. Je höher die Umsatzerlöse im Verhältnis zu den eingesetzten Vermögenswerten, desto besser die Auslastung und Nutzung der Vermögenswerte. Ein niedriger Vermögensumschlag deutet außerdem auf ein erhöhtes Risiko aus der Kapitalbindung hin, da das Vermögen langsamer zurückverdient werden kann. Ein Vergleich der Umschlagshäufigkeit des Vermögens sollte insbesondere im Zeitablauf sowie innerhalb der Branche stattfinden, da bei verschiedenen Branchen sehr unterschiedliche Umschlagshäufigkeiten zu beobachten sind. Eine anlagenintensive Industrie mit sehr langlebigen Wirtschaftsgütern, wie beispielsweise die Energieversorgung, wird typischerweise eine wesentlich niedrigere Umschlagshäufigkeit des Vermögens aufweisen, als beispielsweise ein Softwareunternehmen.

5.6.1.3. Kritische Würdigung der Umschlagshäufigkeit des Vermögens

Wie bereits bei der Anlagenintensität können auch bei der Umschlagshäufigkeit des Vermögens Leasinggeschäfte die Ergebnisse verzerren. Wird bei gleichem wirtschaftlichen Gehalt einmal ein Anlagengegenstand geleast und einmal im Vermögen aktiviert, würde die Umschlagshäufigkeit beim Leasinggeschäft auf eine effizientere Nutzung hindeuten, obwohl ökonomisch der gleiche Sachverhalt vorliegt. Weiters können unterschiedliche Nutzungsdauern zur Bildung von stillen Reserven im Anlagevermögen führen und einen effizienteren Umschlag darstellen, als er tatsächlich stattfindet. Werden Investitionen gänzlich gestrichen oder in spätere Perioden verschoben, steigt die Umschlagshäufigkeit des Vermögens ebenfalls, obwohl durch den Investitionsrückstau typischerweise die zukünftige Finanz- und Ertragslage belastet wird. Auch die unterschiedliche Behandlung und Bewertung immaterieller Anlagegüter in unterschiedlichen Rechnungslegungsregimen ist an dieser Stelle als problematisch anzuführen. Die Ermittlung des durchschnittlichen Vermögens auf Basis von Stichtagswerten ist ebenfalls kritisch, da – gezielt oder auch saisonal bedingt – der Jahresdurchschnitt vom Durchschnitt der Stichtagswerte erheblich abweichen kann. Die Saldierung von Vermögenswerten mit Schulden, wie beispielsweise bei der Saldierung der Pensionsrückstellungen nach dHGB mit gewissen Vermögenswerten, hat ebenfalls erhebliche Auswirkungen auf die Ermittlung der Kennzahl. Nachdem im Gesamtvermögen auch jeglicher noch nicht explizit angeführte Bewertungsspielraum durch den Bilanzierenden ausgenutzt werden kann, sollte daher nach unserer Ansicht bei der Beurteilung dieser Kennzahl besondere Vorsicht geboten sein.

5.6.1.4. Überblick empirischer Werte der BACH-Datenbank für die teilnehmenden Länder

Die folgende Tabelle gibt einen Überblick über die Umschlagshäufigkeit des Vermögens von 2009 bis 2011 für ausgewählte Sektoren der NACE-Gliederung:

Sektor	Bezeichnung	2009	2010	2011
C	Verarbeitendes Gewerbe/Herstellung von Waren	1,03	1,12	1,12
F	Baugewerbe/Bau	0,90	0,88	0,87
G	Handel; Instandhaltung und Reparatur von Kraftfahrzeugen	2,12	2,26	2,08
I	Gastgewerbe/Beherbergung und Gastronomie	0,84	0,88	0,79
Z0	Gesamt ohne Holdinggesellschaften	0,81	0,85	0,85

Tabelle 15: Umschlagshäufigkeit des Vermögens (Quelle: BACH)

5.6.2. Umschlagshäufigkeit des Sachanlagevermögens

$$\text{Umschlagshäufigkeit des Sachanlagevermögens} = \frac{\text{Umsatzerlöse}}{\text{durchschnittliches Sachanlagevermögen}}$$

5.6.2.1. Beispiel zur Berechnung der Umschlagshäufigkeit des Sachanlagevermögens

Angabe:
Die Mayer GmbH erwirtschaftet im Geschäftsjahr einen Umsatz von EUR 110.000. Das Anlagevermögen umfasst immaterielle Vermögensgegenstände in Höhe von EUR 10.000 (Vorjahr: EUR 9.000), Sachanlagevermögen in Höhe von EUR 25.000 (Vorjahr EUR 30.000) sowie Finanzanlagen in Höhe von EUR 5.000 (Vorjahr EUR 4.500).
Lösung:

$$\text{Umschlagshäufigkeit des Sachanlagevermögens} = \frac{110.000}{\frac{1}{2} \cdot (25.000 + 30.000)} = 4,00$$

5.6.2.2. Interpretation der Umschlagshäufigkeit des Sachanlagevermögens im Zuge der Bilanzanalyse

Auch bei der **Umschlagshäufigkeit des Sachanlagevermögens** deutet ein hoher Umschlag auf eine effiziente Nutzung der Vermögenswerte hin, in diesem Fall der Vermögenswerte des Sachanlagevermögens. Steigt beispielsweise der Umsatz bei gleichbleibendem Sachanlagevermögen und gleicher Umsatzrentabilität, kann mit dem gleichen Einsatz an Anlagevermögen ein höherer Gewinn erzielt werden. Aufgrund des längerfristigen Charakters des Sachanlagevermögens sinkt auch bei höherem Umschlag typischerweise das Risiko der Auslastung der Anlagen. Ein Vergleich mit anderen Unternehmen sollte nur innerhalb der Branche stattfinden, da unterschiedliche Industrien sehr unterschiedliche Nutzungscharakteristika des Sachanlagevermögens aufweisen.

5.6.2.3. Kritische Würdigung der Umschlagshäufigkeit des Sachanlagevermögens

Durch die Begrenzung lediglich auf das Sachanlagevermögen bestehen weniger Gefahren bei der Analyse und Vergleichbarkeit als bei der Umschlagshäufigkeit des Gesamtvermögens. Damit der Einsatz dieser Kennzahl sinnvoll ist, sollte eine effiziente Nutzung des Sachanlagevermögens für die Branche einer der entscheidenden wertetreibenden Faktoren sein, wie beispielsweise in der Stahlindustrie oder in der Energieversorgung. Auch bei der Umschlagshäufigkeit des Sachanlagevermögens führen operative Leasinggeschäfte zu einer Verbesserung der Kennzahl, obwohl ökonomisch betrachtet das Anlagevermögen schlechter ausgelastet sein kann. Werden kurze Nutzungsdauern verwendet, kann es zur Bildung stiller Reserven kommen, wodurch der Umschlag besser dargestellt wird, als er tatsächlich ist. Sofern die Informationen vorhanden sind, sollte außerdem zwischen dem betriebsnotwendigen und dem nicht betriebsnotwendigen Vermögen unterschieden werden. Werden Grundstücke beispielsweise nicht zur Erzielung von Umsatzerlösen genutzt, erhöht sich das durchschnittliche Sachanlagevermögen. Die Nutzung des Sachanlagevermögens wird dadurch weniger effizient dargestellt, als sie tatsächlich ist, da die nicht betriebsnotwendigen Betriebsgrundstücke jederzeit veräußert werden könnten, ohne dass dadurch Umsatzvolumina reduziert werden müssen.

5.6.2.4. Überblick empirischer Werte der BACH-Datenbank für die teilnehmenden Länder

Die folgende Tabelle gibt einen Überblick über die Umschlagshäufigkeit des Sachanlagevermögens von 2009 bis 2011 für ausgewählte Sektoren der NACE-Gliederung:

Sektor	Bezeichnung	2009	2010	2011
C	Verarbeitendes Gewerbe/Herstellung von Waren	5,63	6,02	5,87
F	Baugewerbe/Bau	8,28	7,80	9,45
G	Handel; Instandhaltung und Reparatur von Kraftfahrzeugen	15,70	16,82	15,38
I	Gastgewerbe/Beherbergung und Gastronomie	2,10	2,16	2,00
Z0	Gesamt ohne Holdinggesellschaften	4,59	4,96	5,68

Tabelle 16: Umschlagshäufigkeit des Sachanlagevermögens (Quelle: BACH)

5.6.3. Umschlagshäufigkeit des Eigenkapitals

$$\text{Umschlagshäufigkeit des Eigenkapitals} = \frac{\text{Umsatzerlöse}}{\text{durchschnittliches Eigenkapital}}$$

5.6.3.1. Beispiel zur Berechnung der Umschlagshäufigkeit des Eigenkapitals

Angabe:
Die Mayer GmbH erwirtschaftet im Geschäftsjahr einen Umsatz von EUR 110.000. Das Eigenkapital zu Beginn des Geschäftsjahres betrug EUR 45.000. Das Unternehmen erzielte einen Gewinn in Höhe von EUR 10.000, wovon EUR 5.000 auf neue Rechnung vorgetragen wurden. Ansonsten fanden keine Transaktionen im Eigenkapital statt.

Lösung:
Eigenkapital am Ende des Geschäftsjahres = 45.000 + 10.000 − 5.000 = 50.000

$$\text{Umschlagshäufigkeit des Eigenkapitals} = \frac{110.000}{\frac{1}{2} \cdot (45.000 + 50.000)} = 2{,}32$$

5.6.3.2. Interpretation der Umschlagshäufigkeit des Eigenkapitals im Zuge der Bilanzanalyse

Die **Umschlagshäufigkeit des Eigenkapitals** soll Auskunft darüber geben, wie effizient die Mittel der Eigentümer eingesetzt werden. Setzt man gleiche Umsatzrentabilität, bezogen auf das Net Income, voraus, ergibt sich bei einer höheren Umschlagshäufigkeit des Eigenkapitals eine höhere Eigenkapitalrentabilität. In diesem Fall kann durch eine gezielte Erhöhung des Fremdkapitals die Rentabilität für die Eigentümer noch weiter gesteigert werden. Eine höhere Umschlagshäufigkeit des Eigenkapitals ergibt sich jedoch auch bei schlechter kapitalisierten Unternehmen, die einem erhöhten Insolvenzrisiko unterliegen. Wie bereits bei anderen angeführten Kennzahlen ist bei der Umschlagshäufigkeit des Eigenkapitals ein Vergleich im Zeitablauf oder innerhalb der gleichen Branche vorzuziehen.

5.6.3.3. Kritische Würdigung der Umschlagshäufigkeit des Eigenkapitals

Da es sich beim Eigenkapital um eine Residualgröße handelt, gehen in die Ermittlung alle Bewertungsspielräume des Bilanzierenden ein. Die Entwicklung dieser Kennzahl kann daher oftmals mehr buchhalterische als ökonomisch relevante Grundlagen haben. Nach unserer Ansicht ist daher auch bei der Analyse dieser Kennzahl erhöhte Vorsicht bei der Beurteilung geboten.

5.6.3.4. Überblick empirischer Werte der BACH-Datenbank für die teilnehmenden Länder

Die folgende Tabelle gibt einen Überblick über die Umschlagshäufigkeit des Eigenkapitals von 2009 bis 2011 für ausgewählte Sektoren der NACE-Gliederung:

Sektor	Bezeichnung	2009	2010	2011
C	Verarbeitendes Gewerbe/Herstellung von Waren	3,10	3,25	3,18
F	Baugewerbe/Bau	4,28	4,06	3,94
G	Handel; Instandhaltung und Reparatur von Kraftfahrzeugen	6,86	7,06	6,34
I	Gastgewerbe/Beherbergung und Gastronomie	2,83	3,04	2,38
Z0	Gesamt ohne Holdinggesellschaften	2,35	2,44	2,42

Tabelle 17: Umschlagshäufigkeit des Eigenkapitals (Quelle: BACH)

5.7. Kennzahlen der operativen Rentabilität

Kennzahlen der operativen Rentabilität setzen – mit Ausnahme der Rohertragsmarge – eine Ergebniskenngröße ins Verhältnis mit dem eingesetzten Kapital oder den Umsatzerlösen. Sie sollen darüber Auskunft geben, wie rentabel der Leistungserstellungsprozess des Unternehmens ist. Die **Rohertragsmarge** wird als Differenz aus Umsatz und Materialeinsatz, bezogen auf den Umsatz, ermittelt. Werden die Ergebniskenngrößen mit den Umsatzerlösen ins Verhältnis gesetzt, spricht man im deutschsprachigen Raum von der Umsatzrentabilität. Die Rentabilität des Vermögens wird üblicherweise sowohl für das Gesamtvermögen (**Gesamtkapitalrentabilität**) als auch für das Eigenkapital (**Eigenkapitalrentabilität**) berechnet. Teilweise wird zur Verbesserung der Aussagekraft das eingesetzte Kapital noch korrigiert, beispielsweise beim **Return on Total Invested Capital**.

5.7.1. Rohertragsmarge

Umsatzkostenverfahren:

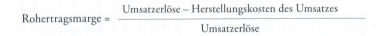

$$\text{Rohertragsmarge} = \frac{\text{Umsatzerlöse} - \text{Herstellungskosten des Umsatzes}}{\text{Umsatzerlöse}}$$

Gesamtkostenverfahren:

$$\text{Rohertragsmarge} = \frac{\text{Umsatzerlöse} - \text{Materialaufwand}}{\text{Umsatzerlöse}}$$

5.7.1.1. Beispiel zur Berechnung der Rohertragsmarge

Angabe:
Die Mayer GmbH erwirtschaftet im Geschäftsjahr einen Umsatz von EUR 110.000. Die Herstellkosten des Umsatzes betrugen EUR 60.000. Dem Anhang ist zu entnehmen, dass der gesamte Materialaufwand EUR 40.000 betrug.

Lösung:
Umsatzkostenverfahren:

$$\text{Umschlagshäufigkeit des Eigenkapitals} = \frac{110.000 - 60.000}{110.000} = 45{,}5\%$$

Gesamtkostenverfahren:

$$\text{Umschlagshäufigkeit des Eigenkapitals} = \frac{110.000 - 40.000}{110.000} = 63{,}6\%$$

5.7.1.2. Interpretation der Rohertragsmarge im Zuge der Bilanzanalyse

Die **Rohertragsmarge** ist eine wichtige und beliebte Kenngröße sowohl im Zeitablauf als auch im Vergleich zu anderen Unternehmen. Eine fallende Rohertragsmarge deutet darauf hin, dass das Unternehmen nicht in der Lage ist, die Preissteigerung der Einsatzfaktoren an den Kunden weiterzugeben. Wird die Rohertragsmarge anhand des Materialaufwands errechnet, ist dieser im Wesentlichen unabhängig von den Fixkosten und somit von der Auslastung des Unternehmens. Dadurch ist diese Kennzahl nach unserer Ansicht ein guter Indikator für das allgemeine Marktumfeld und die Marktmacht des Unternehmens und kann für die Marktstrategie herangezogen werden. Sinkt die Rohertragsmarge, so muss zur Erhaltung des absoluten Gewinns der Umsatz entweder durch höhere Mengen oder höhere Preise gesteigert werden. Teilweise wird anstelle der Umsatzerlöse auch die Gesamtleistung herangezogen, sofern diese für die Branche eine höhere Aussagekraft besitzt.

5.7.1.3. Kritische Würdigung der Rohertragsmarge

Sowohl bei der Berechnung anhand des Umsatzkostenverfahrens als auch bei der Berechnung nach dem Gesamtkostenverfahren geht in die Berechnung die Bewertung der Vorräte mit ein. Wie bereits mehrfach angeführt, besteht ein hoher Ermessensspielraum für die Bewertung seitens des Bilanzierenden. Insbesondere bei der Berechnung anhand der Herstellkosten des Umsatzes kommt es in der Praxis zusätzlich zu Problemen bei der Zuordnung der Kosten zwischen den Herstellkosten des Umsatzes und den anderen Aufwands- und Ertragsposten der Gewinn-und-Verlustrechnung. Ein Vergleich außerhalb der Zeitreihe oder mit anderen Branchen ist für die Rohertragsmarge im Regelfall nicht zielführend.

5.7.1.4. Überblick empirischer Werte der BACH-Datenbank für die teilnehmenden Länder

Die folgende Tabelle gibt einen Überblick über die Rohertragsmarge von 2009 bis 2011 für ausgewählte Sektoren der NACE-Gliederung:

Sektor	Bezeichnung	2009	2010	2011
C	Verarbeitendes Gewerbe/Herstellung von Waren	56,69%	57,98%	59,61%
F	Baugewerbe/Bau	34,37%	32,10%	26,24%
G	Handel; Instandhaltung und Reparatur von Kraftfahrzeugen	78,73%	78,73%	78,86%
I	Gastgewerbe/Beherbergung und Gastronomie	29,47%	29,12%	29,78%
Z0	Gesamt ohne Holdinggesellschaften	56,36%	56,32%	56,15%

Tabelle 18: Rohertragsmarge (Quelle: BACH)

5.7.2. Umsatzrentabilität

$$\text{Umsatzrentabilität} = \frac{\text{Ergebniskenngröße}}{\text{Umsatzerlöse}}$$

5.7.2.1. Beispiel zur Berechnung der Umsatzrentabilität

Angabe:
Die Mayer GmbH erwirtschaftet im Geschäftsjahr einen Umsatz von EUR 110.000. Das Operating Income beträgt EUR 23.000. Erträge aus der Investition in Finanzanlagen betrugen EUR 1.000. Abschreibungen in Höhe von EUR 10.000 wurden in der Gewinn-und-Verlustrechnung erfasst. Weiters sind Zinsen in Höhe von EUR 2.000 angefallen. An Steueraufwendungen wurden EUR 5.000 erfasst.
Lösung:

$$\text{Umsatzrentabilität (Operating Income)} = \frac{23.000}{110.000} = 20{,}9\%$$

$$\text{Umsatzrentabilität (EBITDA)} = \frac{34.000}{110.000} = 30{,}9\%$$

$$\text{Umsatzrentabilität (EBIT)} = \frac{24.000}{110.000} = 21{,}8\%$$

$$\text{Umsatzrentabilität (EBT)} = \frac{22.000}{110.000} = 20{,}0\%$$

$$\text{Umsatzrentabilität (Net Income)} = \frac{17.000}{110.000} = 15{,}5\%$$

5.7.2.2. Interpretation der Umsatzrentabilität im Zuge der Bilanzanalyse

Je höher das Ergebnis bezogen auf die Umsatzerlöse, desto profitabler ist das Unternehmen. Die Auswahl der Ergebniskenngröße hängt vom Ziel der Analyse ab. Soll das Management beurteilt werden, kann dieses jedoch die Finanzierungsstruktur des Unternehmens nicht beeinflussen, sollte eine

Rentabilität vor Zinsen – wie beispielsweise das EBIT – herangezogen werden. Auch für den Vergleich zwischen Unternehmen oder im innerbetrieblichen Vergleich sollte die Rentabilität herangezogen werden, die dem Ziel der Analyse am besten entspricht. Wie unter Kapitel 5.2.1. angeführt, hängt die Auswahl auch von der Qualität der Ergebniskenngröße ab. Obwohl ein Eigenkapitalgeber an der Umsatzrentabilität des Net Incomes tendenziell das höchste Interesse haben sollte, da dieses im Regelfall ausschüttungsrelevant ist, können andere Ergebniskenngrößen eine höhere zukünftige Wertrelevanz aufweisen und sollten daher möglicherweise bevorzugt werden.

5.7.2.3. Kritische Würdigung der Umsatzrentabilität
Grundsätzlich schlagen die gleichen Probleme, die bei der Ermittlung der Ergebniskenngröße unter Kapitel 5.2. und der Analyse der Umsätze unter Kapitel 5.3. dargestellt wurden, auch für die Ermittlung der Umsatzrentabilität durch. Wesentlicher Einflussfaktor ist die Qualität der verwendeten Ergebniskenngröße und die Vertrauenswürdigkeit der Umsatzerlöse.

5.7.2.4. Überblick empirischer Werte der BACH-Datenbank für die teilnehmenden Länder
Die folgende Tabelle gibt einen Überblick über die Umsatzrentabilität (EBIT) von 2009 bis 2011 für ausgewählte Sektoren der NACE-Gliederung:

Sektor	Bezeichnung	2009	2010	2011
C	Verarbeitendes Gewerbe/Herstellung von Waren	3,34%	5,19%	4,39%
F	Baugewerbe/Bau	5,52%	5,66%	3,79%
G	Handel; Instandhaltung und Reparatur von Kraftfahrzeugen	2,53%	2,96%	2,67%
I	Gastgewerbe/Beherbergung und Gastronomie	1,71%	3,26%	2,73%
Z0	Gesamt ohne Holdinggesellschaften	4,91%	6,27%	5,04%

Tabelle 19: Umsatzrentabilität (EBIT) (Quelle: BACH)

5.7.3. Gesamtkapitalrentabilität

$$\text{Gesamtkapitalrentabilität} = \frac{\text{EBIT}}{\text{durchschnittliche Bilanzsumme}}$$

5.7.3.1. Beispiel zur Berechnung der Gesamtkapitalrentabilität

Angabe:
Das Operating Income der Mayer GmbH beträgt EUR 23.000. Erträge aus Finanzanlagen betrugen EUR 1.000. Abschreibungen in Höhe von EUR 10.000 wurden in der Gewinn-und-Verlustrechnung erfasst. Weiters sind Zinsen in Höhe von EUR 2.000 angefallen. An Steueraufwendungen wurden EUR 5.000 erfasst. Die Bilanzsumme zu Beginn des Geschäftsjahres betrug EUR 100.000, am Ende des Geschäftsjahres EUR 90.000.

Lösung:

$$\text{durchschnittliche Bilanzsumme} = \frac{1}{2} \cdot (100.000 + 90.000) = 95.000$$

$$\text{Gesamtkapitalrentabilität} = \frac{24.000}{95.000} = 25{,}2\%$$

5.7.3.2. Interpretation der Gesamtkapitalrentabilität im Zuge der Bilanzanalyse

Je höher die **Gesamtkapitalrentabilität**, desto profitabler wurde das Vermögen des Unternehmens eingesetzt. Als Ergebniskenngröße wird im Regelfall das EBIT herangezogen, da das Vermögen allen Kapitalgebern zur Verfügung steht. Nach *Kralicek* (2001) ist eine Gesamtkapitalrentabilität größer 15% als sehr gut, größer 12% als gut, größer 8% als mittel und kleiner 8% als schlecht einzustufen. Eine negative Gesamtkapitalrentabilität wird als insolvenzgefährdend angesehen.

5.7.3.3. Kritische Würdigung der Gesamtkapitalrentabilität

Grundsätzlich gilt für die Analyse des Gesamtvermögens das bereits unter Kapitel 5.2.1. zur Umschlagshäufigkeit des Gesamtvermögens gesagte. Das Gesamtvermögen kann aufgrund der Bewertungsspielräume zum Teil erheblichen Schwankungen unterliegen oder auch bewusst im Rahmen der gesetzlichen Möglichkeiten durch den Bilanzersteller beeinflusst werden. Aus diesem Grund empfiehlt es sich, insbesondere bei der Rentabilität einen längeren Beobachtungszeitraum heranzuziehen. Ein weiterer Kritikpunkt, der durch andere Kennzahlen berücksichtigt wird, ist, dass das Gesamtkapital sowohl verzinsliches als auch unverzinsliches Fremdkapital umfasst. Will man die Rentabilität für die Kapitalgeber berechnen, sollte jedoch nur das verzinsliche Fremdkapital berücksichtigt werden.

5.7.3.4. Überblick empirischer Werte der BACH-Datenbank für die teilnehmenden Länder

Die folgende Tabelle gibt einen Überblick über die Gesamtkapitalrentabilität von 2009 bis 2011 für ausgewählte Sektoren der NACE-Gliederung:

Sektor	Bezeichnung	2009	2010	2011
C	Verarbeitendes Gewerbe/Herstellung von Waren	3,35%	5,79%	4,77%
F	Baugewerbe/Bau	4,86%	4,79%	3,42%
G	Handel; Instandhaltung und Reparatur von Kraftfahrzeugen	5,38%	6,60%	5,98%
I	Gastgewerbe/Beherbergung und Gastronomie	1,81%	3,05%	3,11%
Z0	Gesamt ohne Holdinggesellschaften	4,49%	6,57%	5,51%

Tabelle 20: Gesamtkapitalrentabilität (Quelle: BACH)

5.7.4. Eigenkapitalrentabilität

$$\text{Eigenkapitalrentabilität} = \frac{\text{Net Income}}{\text{durchschnittliches Eigenkapital}}$$

5.7.4.1. Beispiel zur Berechnung der Eigenkapitalrentabilität

Angabe:
Das Operating Income der Mayer GmbH beträgt EUR 23.000. Erträge aus Finanzanlagen betrugen EUR 1.000. Abschreibungen in Höhe von EUR 10.000 wurden in der Gewinn-und-Verlustrechnung erfasst. Weiters sind Zinsen in Höhe von EUR 2.000 angefallen. An Steueraufwendungen wurden EUR 5.000 erfasst. Das Eigenkapital zu Beginn des Geschäftsjahres betrug EUR 30.000, es erfolgte eine Ausschüttung in Höhe von EUR 12.000.

Lösung:
Eigenkapital am Ende des Geschäftsjahres = 30.000 + 17.000 − 12.000 = 35.000

durchschnittliches Eigenkapital = $\frac{1}{2} \cdot (30.000 + 35.000) = 32.500$

Eigenkapitalrentabilität = $\frac{17.000}{32.500} = 52{,}3\%$

5.7.4.2. Interpretation der Eigenkapitalrentabilität im Zuge der Bilanzanalyse

Eine hohe **Eigenkapitalrentabilität** bedeutet eine hohe Profitabilität für die Eigenkapitalgeber des Unternehmens. Als Ergebniskenngröße wird das Net Income herangezogen, da dieses als Bemessungsgrundlage für die mögliche Ausschüttung zur Verfügung steht. Teilweise erfolgt aber auch eine Berechnung anhand des EBT oder anhand des EBT abzüglich fiktiver Steuern auf das EBT. Zu beachten ist, dass bei einem niedrigen Eigenkapital zwangsläufig eine höhere Kapitalrendite bei gleichem Net Income entsteht. Unternehmen mit geringer Eigenkapitalausstattung erscheinen dadurch attraktiver, obwohl ein höheres Insolvenzrisiko besteht. Anstelle des durchschnittlichen Eigenkapitals wird auch teilweise das Eigenkapital am Beginn des Geschäftsjahres verwendet.

5.7.4.3. Kritische Würdigung der Eigenkapitalrentabilität

Auch hier ist zunächst auf die Erläuterung zur Umschlagshäufigkeit des Eigenkapitals unter Kapitel 5.2.2. zu verweisen. Das Eigenkapital kann hohen Schwankungen aufgrund von Stichtagsbewertungen unterliegen, die jedoch auch in Zukunft zu keinen Cashflows führen. Ein wesentliches Beispiel in der Praxis in diesem Zusammenhang sind Personalrückstellungen, die gemäß IAS 19 nach der Projected Unit Credit Methode berechnet werden. Die Bilanzierung nach dieser Methode ist gemäß den Fachgutachten auch bei UGB Abschlüssen erlaubt. Für die Berechnung wird ein Stichtagszinssatz verwendet, der teilweise erheblichen Schwankungen unterliegt. Dieser führt bei vielen Unternehmen zu einem stark schwankenden Eigenkapital, das jedoch zumeist keine Cashflowrelevanz aufweist, sondern im Zeitablauf durch weitere Buchgewinne oder Verluste wieder ausgeglichen wird. Aus diesem Grund wurde im dHGB auf die Verwendung eines Stichtagszinssatzes verzichtet und stattdessen ein 7-Jahres Durchschnitt festgesetzt, der von der Deutschen Bundesbank veröffentlicht wird, und von allen Unternehmen gleichermaßen anzuwenden ist. Auch der umgekehrte Fall, bei dem das Ergebnis im Zeitablauf – beispielsweise mittels Rückstellungen – geglättet wird, ist in der Praxis anzutreffen. In diesem Fall schwankt das Eigenkapital weniger, als ökonomisch begründbar wäre. Aus diesen Gründen sollte auch bei der Eigenkapitalrentabilität ein mehrjähriger Betrachtungszeitraum Verwendung finden. Schlussendlich ist die Qualität der Ergebniskenngröße Net Income von entscheidender Bedeutung bei der Verwendung dieser Kennzahl.

5.7.4.4. Überblick empirischer Werte der BACH-Datenbank für die teilnehmenden Länder

Die folgende Tabelle gibt einen Überblick über die Eigenkapitalrentabilität von 2009 bis 2011 für ausgewählte Sektoren der NACE-Gliederung:

Sektor	Bezeichnung	2009	2010	2011
C	Verarbeitendes Gewerbe/Herstellung von Waren	2,62%	9,05%	6,06%
F	Baugewerbe/Bau	8,43%	9,39%	-0,54%
G	Handel; Instandhaltung und Reparatur von Kraftfahrzeugen	8,13%	11,75%	9,03%
I	Gastgewerbe/Beherbergung und Gastronomie	-3,71%	0,76%	-0,09%
Z0	Gesamt ohne Holdinggesellschaften	5,51%	11,17%	7,31%

Tabelle 21: Eigenkapitalrentabilität (Quelle: BACH)

5.7.5. Return on Total Invested Capital (ROIC)

$$ROIC = \frac{EBIT}{\text{durchschnittliches investiertes Kapital}}$$

5.7.5.1. Beispiel zur Berechnung des ROIC

Angabe:
Das Operating Income der Mayer GmbH beträgt EUR 23.000. Erträge aus Finanzanlagen betrugen EUR 1.000. Abschreibungen in Höhe von EUR 10.000 wurden in der Gewinn-und-Verlustrechnung erfasst. Weiters sind Zinsen in Höhe von EUR 2.000 angefallen. An Steueraufwendungen wurden EUR 5.000 erfasst. Das Eigenkapital zu Beginn des Geschäftsjahres betrug EUR 30.000, es erfolgte eine Ausschüttung in Höhe von EUR 12.000. Das verzinsliche Fremdkapital zu Beginn des Jahres betrug EUR 50.000. Im Geschäftsjahr wurden weitere EUR 10.000 aufgenommen.

Lösung:
Eigenkapital am Ende des Geschäftsjahres = 30.000 + 17.000 − 12.000 = 35.000

durchschnittliches Eigenkapital = $\frac{1}{2} \cdot (30.000 + 35.000) = 32.500$

durchschnittliches verzinsliches
Fremdkapital = $\frac{1}{2} \cdot (50.000 + 60.000) = 55.000$

EBIT = 23.000 + 1.000 = 24.000

ROIC = $\frac{24.000}{(32.500 + 55.000)} = 27{,}4\%$

5.7.5.2. Interpretation des Return on Total Invested Capital (ROIC) im Zuge der Bilanzanalyse

Das **ROIC** ist zwangsläufig höher als die Gesamtkapitalrentabilität, da bei gleichem Zähler der Nenner kleiner ist. Je höher es ist, desto profitabler ist das Unternehmen für die Kapitalgeber, wobei über die Aufteilung zwischen Fremd- und Eigenkapitalgebern dabei keine Aussage getroffen werden kann. Die Verwendung des EBIT ist ökonomisch sinnvoll, da diese Ergebniskenngröße noch vor Aufwendungen für die Fremdkapitalgeber ist. Die Kennzahl ist unabhängig von der Besteuerung des Unternehmens. Sollen Unternehmen innerhalb eines Steuerregimes verglichen werden, ist diese Vorgehensweise sinnvoll. Sind jedoch beispielsweise die Unternehmen in unterschiedlichen Ländern, wobei in einem Land Fremdkapitalzinsen die steuerliche Bemessungsgrundlage kürzen, im anderen Land aber nicht, wäre eine Investition bei gleichem ROIC in das steuerlich günstigere Land für die Kapitalgeber vorzuziehen. Um die Vergleichbarkeit nach Steuern zu ermöglichen, wird auch teilweise vorgeschlagen, ein EBIT abzüglich fiktiver Ertragssteuern zu verwenden.

5.7.5.3. Kritische Würdigung des Return on Total Invested Capital

Zunächst bestehen dieselben Probleme, die bereits bei der Gesamtkapitalrentabilität angeführt wurden. Insbesondere wollen wir auch nochmals darauf hinweisen, dass bei Verwendung von Stichtagswerten zur Ermittlung des durchschnittlich investierten Kapitals ein erhöhtes Risiko besteht, dass diese Werte nicht repräsentativ für das tatsächlich durchschnittlich eingesetzte Kapital sind. Die bewusste Verminderung der Vorratsbestände, das verstärkte Eintreiben von Forderungen oder die vorübergehende Nichtbegleichung bestehender Verbindlichkeiten sind oft stichtagsbezogene Maßnahmen zur Verbesserung relevanter Kennzahlen. Die daraus frei werdenden Mittel werden zur Rückzahlung von Kreditlinien verwendet, wodurch tendenziell das investierte Kapital unterschätzt und der ROIC überschätzt wird. Diese Problematik wird im Vergleich zur Gesamtkapitalrentabilität noch durch den Passivtausch zwischen verzinslichem und unverzinslichem Fremdkapital erhöht. Weiters gibt es insbesondere bei den verzinslichen Personalrückstellungen unterschiedliche Auffassungen, ob diese dem verzinslichen oder dem unverzinslichen Fremdkapital zugezählt werden sollen.

5.7.5.4. Überblick empirischer Werte der BACH-Datenbank für die teilnehmenden Länder

Die folgende Tabelle gibt einen Überblick über den ROIC von 2009 bis 2011 für ausgewählte Sektoren der NACE-Gliederung:

Sektor	Bezeichnung	2009	2010	2011
C	Verarbeitendes Gewerbe/Herstellung von Waren	5,42%	9,18%	7,70%
F	Baugewerbe/Bau	9,57%	9,20%	6,27%
G	Handel; Instandhaltung und Reparatur von Kraftfahrzeugen	8,99%	10,96%	10,36%
I	Gastgewerbe/Beherbergung und Gastronomie	2,56%	4,31%	4,27%
Z0	Gesamt ohne Holdinggesellschaften	6,38%	9,18%	7,88%

Tabelle 22: ROIC (Quelle: BACH)

5.8 Statische Kennzahlen der kurzfristigen Liquidität

Kennzahlen der kurzfristigen Liquidität sollen Auskunft darüber geben, ob das Unternehmen in der Lage ist, seinen kurzfristigen finanziellen Verpflichtungen nachzukommen. Im Regelfall werden kurzfristige Schulden mit kurzfristigen Vermögenswerten in Verbindung gesetzt. Beispiele hierfür sind das

Current Ratio (auch als **Working Capital Ratio**, oder **Liquidität 3. Grades** bezeichnet), das **Quick Ratio (auch als Liquidität 2. Grades bezeichnet)** oder das **Cash Ratio** (auch als **Liquidität 1. Grades** bezeichnet). Zur Verbesserung der Aussagekraft können zusätzlich Umschlagshäufigkeiten des kurzfristigen Vermögens, insbesondere die Umschlagshäufigkeit der Forderungen, die Umschlagshäufigkeit der Vorräte und die Umschlagshäufigkeit der Verbindlichkeiten herangezogen werden. Aus den genannten Umschlagshäufigkeiten lässt sich der sogenannte Cash Conversion Cycle ableiten.

5.8.1. Current Ratio, Quick Ratio und Cash Ratio

$$\text{Current Ratio} = \frac{\text{kurzfristiges Vermögen}}{\text{kurzfristige Verbindlichkeiten}^1}$$

$$\text{Quick Ratio} = \frac{\text{Liquide Mittel + kurzfr. Forderungen + kurzfr. Wertpapiere}}{\text{kurzfristige Verbindlichkeiten}^1}$$

$$\text{Cash Ratio} = \frac{\text{Liquide Mittel}}{\text{kurzfristige Verbindlichkeiten}^1}$$

[1] inklusive dem kurzfristigen Teil der langfristigen Verbindlichkeiten

5.8.1.1. Beispiel zur Berechnung des Current Ratio, Quick Ratio und Cash Ratio

Angabe:
Die Mayer GmbH weist in ihrer Bilanz zum Geschäftsjahresende Vorräte in Höhe von EUR 20.000, Forderungen in Höhe von EUR 10.000 und liquide Mittel in Höhe von EUR 5.000 aus. Ansonsten werden keine anderen kurzfristigen Vermögenswerte ausgewiesen. Das kurzfristige Fremdkapital in Höhe von EUR 25.000 umfasst kurzfristige Verbindlichkeiten gegenüber Banken in Höhe von EUR 10.000 sowie kurzfristige Verbindlichkeiten aus Lieferungen und Leistungen in Höhe von EUR

10.000. Der kurzfristige Teil der langfristigen Verbindlichkeiten beträgt EUR 5.000.
Lösung:

$$\text{Current Ratio} = \frac{35.000}{25.000} = 1{,}4$$

$$\text{Quick Ratio} = \frac{15.000}{25.000} = 0{,}6$$

$$\text{Cash Ratio} = \frac{5.000}{25.000} = 0{,}2$$

5.8.1.2. Interpretation des Current Ratio, Quick Ratio und Cash Ratio

Die drei Kennzahlen sollen Aufschluss darüber geben, ob die kurzfristigen finanziellen Verpflichtungen durch das Unternehmen erfüllt werden können. Die konservativste Kennzahl ist das **Cash Ratio**, gefolgt vom **Quick Ratio** und vom **Current Ratio**. Beim Quick Ratio und beim Current Ratio wird implizit unterstellt, dass die kurzfristigen Verbindlichkeiten eine längere Laufzeit aufweisen als die kurzfristigen Vermögenswerte. Als Faustregel wird vor allem im angloamerikanischen Raum für das Quick Ratio ein Wert größer eins, als sogenannter Acid Test, gefordert. Für das Current Ratio gilt als Faustregel die sogenannte Banker's Rule, die ein Verhältnis von größer zwei fordert. Die Werte können jedoch je nach Branche andere Ausprägungen annehmen. Ein zu hoher Grad, insbesondere beim Cash Ratio, deutet darauf hin, das überflüssige liquide Mittel vorhanden sind und nicht effizient eingesetzt werden.

5.8.1.3. Kritische Würdigung des Current Ratio, Quick Ratio und Cash Ratio

Abgesehen von den Problemen der Bewertung der Vorräte und Forderungen ist insbesondere anzumerken, dass die statische Liquiditätsbetrachtung zum Stichtag problematisch ist, da das Working Capital im Zuge der realen Bilanzpolitik leicht zu beeinflussen ist. Durch eine Verminderung des Vorratsbestandes zum Stichtag unter den kritischen Bestand können Mittel freigesetzt werden, um kurzfristige Verbindlichkeiten zu tilgen. Es ist somit kritisch zu hinterfragen, ob die Stichtagswerte repräsentativ für das Unternehmen sind. Weitere für die Liquidität wesentliche Informationen, wie beispielsweise kurzfristige Kreditlinien, werden zudem nicht berücksichtigt.

5.8.1.4. Überblick empirischer Werte der BACH-Datenbank für die teilnehmenden Länder

Die folgende Tabelle gibt einen Überblick über das Current, das Quick und das Cash Ratio von 2009 bis 2011 für ausgewählte Sektoren der NACE-Gliederung:

Sektor	Bezeichnung	2009			2010			2011		
		CuR	QR	CaR	CuR	QR	CaR	CuR	QR	CaR
C	Verarbeitendes Gewerbe/Herstellung von Waren	1,41	0,69	0,05	1,39	0,70	0,04	1,36	0,74	0,03
F	Baugewerbe/Bau	1,40	0,62	0,04	1,41	0,66	0,04	1,44	0,76	0,03
G	Handel; Instandhaltung und Reparatur von Kraftfahrzeugen	1,35	0,65	0,04	1,33	0,67	0,04	1,32	0,70	0,04
I	Gastgewerbe/ Beherbergung und Gastronomie	1,00	0,45	0,04	0,97	0,48	0,04	0,94	0,51	0,05
Z0	Gesamt ohne Holdinggesellschaften	1,34	0,65	0,06	1,32	0,66	0,05	1,28	0,69	0,05

Tabelle 23: Current, Quick und Cash Ratio (Quelle: BACH)

5.8.2. Umschlagshäufigkeit der Forderungen aus Lieferungen und Leistungen

$$\text{Umschlagshäufikeit der Forderungen} = \frac{\text{Umsatzerlöse}}{\text{durchschnittliche Forderungen}}$$

5.8.2.1. Beispiel zur Berechnung der Umschlagshäufigkeit der Forderungen aus Lieferungen und Leistungen

Angabe:
Die Mayer GmbH weist in ihrer Bilanz zum Geschäftsjahresende Forderungen aus Lieferungen und Leistungen in Höhe von EUR 10.000 aus. Im Vorjahr betrugen die Forderungen aus Lieferungen und Leistungen EUR 15.000. Die Umsatzerlöse des Geschäftsjahres betrugen EUR 110.000.
Lösung:

$$\text{Umschlagshäufigkeit der Forderungen} = \frac{110.000}{\frac{1}{2} \cdot (10.000 + 15.000)} = 8{,}8$$

5.8.2.2. Interpretation der Umschlagshäufigkeit der Forderungen aus Lieferungen und Leistungen

Die Kennzahl gibt Auskunft darüber, wie oft die Forderungen im Durchschnitt des Jahres umgeschlagen werden, und damit, wie schnell die Umsatzerlöse zu einem Geldmittelzufluss führen. Eine hohe Umschlagshäufigkeit der Forderungen deutet darauf hin, dass die Zahlungsziele vergleichsweise kurz sind und auch die tatsächlichen Zahlungen kurzfristig stattfinden. Ein höherer Umschlag spricht daher für eine bessere kurzfristige Liquidität des Unternehmens.

5.8.2.3. Kritische Würdigung der Umschlagshäufigkeit der Forderungen aus Lieferungen und Leistungen

Problematisch für die Ermittlung der durchschnittlichen Forderungen aus Lieferungen und Leistungen ist die Stichtagsbetrachtung. Viele produzierende Unternehmen haben beispielsweise zwischen Weihnachten und Jahreswechsel keine Produktion und aufgrund von Urlaub auch geringere Verkaufszahlen. Dadurch wird die Umschlagshäufigkeit im Vergleich zum Rest des Geschäftsjahres stark abweichen. Weiters verzerrt die Umsatzsteuer diese Kennzahl, da die Umsatzerlöse ohne Umsatzsteuer, die Forderungen aus Lieferungen und Leistungen aber generell inklusive Umsatzsteuer gebucht werden. Teilweise wird in der Literatur eine Korrektur der Umsatzerlöse mit dem Umsatzsteuersatz angegeben. Diese Vorgehensweise ist dann sinnvoll, wenn die entsprechenden Informationen vorhanden sind.

5.8.2.4. Überblick empirischer Werte der BACH-Datenbank für die teilnehmenden Länder

Die folgende Tabelle gibt einen Überblick über die Umschlagshäufigkeit der Forderungen aus Lieferungen und Leistungen von 2009 bis 2011 für ausgewählte Sektoren der NACE-Gliederung:

Sektor	Bezeichnung	2009	2010	2011
C	Verarbeitendes Gewerbe/Herstellung von Waren	5,16	5,67	4,54
F	Baugewerbe/Bau	3,98	3,86	3,04
G	Handel; Instandhaltung und Reparatur von Kraftfahrzeugen	8,60	9,32	8,11
I	Gastgewerbe/Beherbergung und Gastronomie	11,52	11,64	10,52
Z0	Gesamt ohne Holdinggesellschaften	7,22	7,86	6,30

Tabelle 24: Umschlagshäufigkeit der Forderungen aus Lieferungen und Leistungen (Quelle: BACH)

5.8.3. Umschlagshäufigkeit der Vorräte

$$\text{Umschlagshäufikeit der Vorräte} = \frac{\text{Vorrautsverbrauch}}{\text{durchschnittlichen Vorratsbestand}}$$

5.8.3.1. Beispiel zur Berechnung der Umschlagshäufigkeit der Vorräte

Angabe:
Die Mayer GmbH ermittelt einen Vorratsverbrauch in Höhe von EUR 70.000. Im Vorjahr betrugen die Vorräte EUR 15.000, im Geschäftsjahr stiegen sie auf EUR 25.000.
Lösung:

$$\text{Umschlagshäufigkeit der Vorräte} = \frac{70.000}{\frac{1}{2} \cdot (25.000 + 15.000)} = 3{,}5$$

5.8.3.2. Interpretation der Umschlagshäufigkeit der Vorräte

Die Kennzahl gibt Auskunft darüber, wie oft die Vorräte im Durchschnitt des Jahres umgeschlagen werden, und damit, wie schnell der Vorratsbestand verbraucht wird. Ein hoher Umschlag deutet darauf hin, dass der Vorratsbestand kurzfristig zum Zufluss liquider Mittel und damit zu einer besseren kurzfristigen Liquidität führt.

5.8.3.3. Kritische Würdigung der Umschlagshäufigkeit der Vorräte

Problematisch ist insbesondere, dass der Vorratseinsatz für einen externen Bilanzleser nicht direkt ersichtlich ist. Nicht alle Materialaufwendungen müssen zwangsläufig den Lagerbestand beeinflussen. Werden beispielsweise Konsignationsläger verwendet, findet eine Abfassung direkt im Materialaufwand statt. Ökonomisch wäre zur korrekten Ermittlung der Kennzahl der Materialaufwand zwischen dem eigenen Lager und dem Konsignationslager aufzuteilen, was aber in der Praxis nicht gemacht wird. Dadurch wird im Ergebnis der Umschlag besser dargestellt, als er ökonomisch tatsächlich ist. Für produzierende Unternehmen ergeben sich durch den Produktionsprozess noch zusätzlich Probleme bei der Ermittlung des Vorratsverbrauchs, da der Materialaufwand sich lediglich auf den Einsatz der Rohstoffe bezieht. Bessere Ergebnisse können hier im Umsatzkostenverfahren bei Verwendung der Herstellkosten des Umsatzes als Näherung für den Vorratseinsatz erzielt werden. Bei Verwendung des Gesamtkostenverfahrens durch ein produzierendes Unternehmen sollte von der Ermittlung eines Vorratsumschlags, bezogen auf die Gesamtvorräte, Abstand genommen werden. Für Handelsunternehmen ist die Kennzahl daher im Regelfall insgesamt leichter analysierbar. Für den Bewertungsspielraum im Bereich der Vorräte verweisen wir auf die Ausführungen im Kapital 5.4.3. über die Vorratsintensität.

5.8.3.4. Überblick empirischer Werte der BACH-Datenbank für die teilnehmenden Länder

Die folgende Tabelle gibt einen Überblick über die Umschlagshäufigkeit der Vorräte von 2009 bis 2011 für ausgewählte Sektoren der NACE-Gliederung:

Sektor	Bezeichnung	2009	2010	2011
C	Verarbeitendes Gewerbe/Herstellung von Waren	3,73	3,90	3,66
F	Baugewerbe/Bau	1,09	1,01	0,90
G	Handel; Instandhaltung und Reparatur von Kraftfahrzeugen	7,97	8,68	8,63
I	Gastgewerbe/Beherbergung und Gastronomie	7,00	7,21	6,81
Z0	Gesamt ohne Holdinggesellschaften	4,32	4,68	3,90

Tabelle 25: Umschlagshäufigkeit der Vorräte (Quelle: BACH)

5.8.4. Umschlagshäufigkeit der Verbindlichkeiten aus Lieferungen und Leistungen

$$\text{Umschlagshäufikeit der Verbindlichkeiten} = \frac{\text{Einkauf}}{\text{durchschnittliche Verbindlichkeiten}}$$

5.8.4.1. Beispiel zur Berechnung der Umschlagshäufigkeit der Verbindlichkeiten aus Lieferungen und Leistungen

Angabe:
Die Mayer GmbH hat insgesamt Waren und Dienstleistungen im Umfang von EUR 90.000 bezogen. Im Vorjahr betrugen die Verbindlichkeiten aus Lieferungen und Leistungen EUR 15.000, im Geschäftsjahr sinken sie auf EUR 10.000.

Lösung:

$$\text{Umschlagshäufigkeit der Verbindlichkeiten} = \frac{90.000}{\frac{1}{2} \cdot (15.000 + 10.000)} = 7{,}2$$

5.8.4.2 Interpretation der Umschlagshäufigkeit der Verbindlichkeiten aus Lieferungen und Leistungen

Die Kennzahl gibt Auskunft darüber, wie oft die Verbindlichkeiten im Durchschnitt des Jahres umgeschlagen werden, und damit, wie schnell die Lieferantenverbindlichkeiten beglichen werden. Ein sinkender Umschlag deutet darauf hin, dass das Unternehmen verstärkt auf die Finanzierung durch Lieferanten angewiesen ist oder diese bewusst durchsetzen kann.

5.8.4.3 Kritische Würdigung der Umschlagshäufigkeit der Verbindlichkeiten aus Lieferungen und Leistungen

Wie bereits beim Vorratseinsatz der Umschlagshäufigkeit der Vorräte ist auch bei der Umschlagshäufigkeit der Verbindlichkeiten aus Lieferungen und Leistungen der Wareneinkauf für den externen Bilanzleser nicht direkt ersichtlich. Als Näherung werden in der Praxis gerne der Materialaufwand oder bei Anwendung des Umsatzkostenverfahrens die Herstellkosten des Umsatzes verwendet. Dabei sollten insbesondere hohe Veränderungen des Vorratsbestandes oder signifikante Änderungen der sonstigen betrieblichen Aufwendungen beachtet werden, da diese die ermittelten Kennzahlen weiter verfälschen. Ein weiteres Problem ergibt sich – wie bei der Umschlagshäufigkeit der Forderungen aus Lieferungen und Leistungen – in diesem Fall bei der Berücksichtigung der Umsatzsteuer. Im Idealfall sollten die Verbindlichkeiten aus Lieferungen und Leistungen um die Umsatzsteuer korrigiert werden. Schlussendlich ist auch wieder auf die Stichtagsthematik hinzuweisen. Werden bewusst zum Ende des Jahres Zahlläufe ausgelassen, verringert sich die Umschlagshäufigkeit der Verbindlichkeiten aus Lieferungen und Leistungen entsprechend.

5.8.4.4 Überblick empirischer Werte der BACH-Datenbank für die teilnehmenden Länder

Die folgende Tabelle gibt einen Überblick über die Umschlagshäufigkeit der Verbindlichkeiten aus Lieferungen und Leistungen von 2009 bis 2011 für ausgewählte Sektoren der NACE-Gliederung:

Sektor	Bezeichnung	2009	2010	2011
C	Verarbeitendes Gewerbe/Herstellung von Waren	3,73	3,90	3,66
F	Baugewerbe/Bau	1,09	1,01	0,90
G	Handel; Instandhaltung und Reparatur von Kraftfahrzeugen	7,97	8,68	8,63
I	Gastgewerbe/Beherbergung und Gastronomie	7,00	7,21	6,81
Z0	Gesamt ohne Holdinggesellschaften	4,32	4,68	3,90

Tabelle 26: Umschlagshäufigkeit der Verbindlichkeiten aus Lieferungen und Leistungen (Quelle: BACH)

5.8.5. Cash Conversion Cycle (CCC)

$$CCC = \frac{365}{\text{Umschl. Forderungen}} + \frac{365}{\text{Umschl. Vorräte}} - \frac{365}{\text{Umschl. Verbindlichkeiten}}$$

5.8.5.1. Beispiel zur Berechnung des Cash Conversion Cycle

Angabe:
Die Mayer GmbH hat die in den Beispielen zur Umschlagshäufigkeit der Forderungen aus Lieferungen und Leistungen, der Umschlagshäufigkeit der Vorräte und der Umschlagshäufigkeit der Verbindlichkeiten aus Lieferungen und Leistungen angeführten Umschlagshäufigkeiten.

Lösung:

$$\text{Cash Conversion Cycle} = \frac{365}{8,8} + \frac{365}{3,5} - \frac{365}{7,2} = 41,5 + 104,3 - 50,7 = 95,1 \text{ Tage}$$

5.8.5.2. Interpretation des Cash Conversion Cycle

Die Kennzahl gibt Aufschluss darüber, wie viele Tage ein Unternehmen im Durchschnitt die Vermögenswerte vorfinanzieren muss, bevor diese in flüssige Mittel umgewandelt werden können. Eine Verkürzung des Cash Conversion Cycle ist vorteilhaft für die kurzfristige Liquidität, da eine kürzere Periode zwischenfinanziert werden muss. Im Extremfall kann der Cash Conversion Cycle sogar negativ werden, falls der Lieferant erst bezahlt wird, nachdem der Kunde bezahlt hat. Diese Kennzahl variiert sehr stark zwischen den Branchen, weshalb vor allem ein Vergleich im Zeitablauf oder innerhalb der gleichen Branche stattfinden sollte.

5.8.5.3. Kritische Würdigung des Cash Conversion Cycle

Zunächst sei auf die Probleme bei den Ausführungen zu den anderen Umschlagshäufigkeiten der kurzfristigen Liquidität verwiesen. Weiters ist anzumerken, dass ein kürzerer Cash Conversion Cycle nicht zwangsläufig vorteilhaft für ein Unternehmen sein muss. Wird bereits im Geschäftsmodell eine längere Finanzierung der Kunden in Kauf genommen, um die Umsätze überhaupt zu erzielen, da im Vergleich zur Konkurrenz bessere Kreditkonditionen bestehen, kann es auch durchaus ökonomisch sinnvoll sein, den Cash Conversion Cycle zu verlängern, um schlussendlich höhere Umsatzerlöse zu erzielen.

5.8.5.4. Überblick empirischer Werte der BACH-Datenbank für die teilnehmenden Länder

Die folgende Tabelle gibt einen Überblick über den Cash Conversion Cycle von 2009 bis 2011 für ausgewählte Sektoren der NACE-Gliederung:

Sektor	Bezeichnung	2009	2010	2011
C	Verarbeitendes Gewerbe/Herstellung von Waren	77,59	67,98	66,14
F	Baugewerbe/Bau	232,42	246,82	162,34
G	Handel; Instandhaltung und Reparatur von Kraftfahrzeugen	35,52	31,25	25,51
I	Gastgewerbe/Beherbergung und Gastronomie	-55,61	-61,22	-62,40
Z0	Gesamt ohne Holdinggesellschaften	62,63	55,04	54,08

Tabelle 27: Cash Conversion Cycle (Quelle: BACH)

5.9. Statische Kennzahlen der langfristigen Liquidität

Vor allem Kreditgeber, wie Banken oder Lieferanten, sind zumeist daran interessiert, ob ein Unternehmen langfristig in der Lage sein wird, seinen Verpflichtungen nachzukommen. Für gewöhnlich spielt dabei die Eigenkapitalausstattung des Unternehmens eine wesentliche Rolle. Zu Beginn steht daher oftmals die Ermittlung und Analyse der Entwicklung der **Eigenkapitalquote**. Eine Weiterentwicklung der Eigenkapitalquote ist das in der Praxis häufig anzutreffende **Gearing, bei** dem das Verhältnis von Eigenkapital zum verzinslichen Fremdkapital abzüglich der vorhandenen liquiden Mittel herangezogen wird. Im nächsten Schritt der Analyse können die Fristigkeiten der Vermögenswerte mit der Fristigkeit des Kapitals in Verbindung gesetzt werden. In diesem Zusammenhang spricht man von Deckungsgradkennzahlen. Analog zu den Liquiditätsgraden unterscheidet man auch bei den Deckungsgradkennzahlen in **Deckung 1. Grades, Deckung 2. Grades** und **Deckung 3. Grades.**

5.9.1. Eigenkapitalquote

$$\text{Eigenkapitalquote} = \frac{\text{Eigenkapital}}{\text{Gesamtkapital}}$$

5.9.1.1. Beispiel zur Berechnung der Eigenkapitalquote

Angabe:
Die Mayer GmbH weist in ihrer Bilanz zum Geschäftsjahresende Eigenkapital in Höhe von EUR 30.000 aus. Die Bilanzsumme beläuft sich auf EUR 110.000.
Lösung:

$$\text{Eigenkapitalquote} = \frac{30.000}{110.000} = 27,3\%$$

5.9.1.2. Interpretation der Eigenkapitalquote

Eine hohe **Eigenkapitalquote** deutet darauf hin, dass das Insolvenzrisiko des Unternehmens gering ist. Ist sie jedoch zu hoch, stellt sich die Frage, ob durch die Aufnahme von Fremdkapital nicht die Rentabilität für die Eigenkapitalgeber erhöht werden könnte. In der Theorie wird viel über den optimalen Verschuldungsgrad und damit die optimale Eigenkapitalquote einer Gesellschaft diskutiert. Eher von theoretischem Interesse ist das sogenannte **Modigliani und Miller-Theorem**, das davon ausging, dass die Kapitalstruktur irrelevant ist und eine optimale Kapitalstruktur daher nicht existiert. Einen der Praxis eher entsprechenden Erklärungsgehalt liefert die sogenannte **Trade-off-Theorie**, die davon ausgeht, dass die optimale Kapitalstruktur abhängig von möglichen positiven Effekten von Fremdkapital, wie zum Beispiel dem Steuervorteil aus der Abzugsfähigkeit der Zinsen, und negativen Effekten, wie beispielsweise dem erhöhten Insolvenzrisiko, ist. Die **Pecking-Order-Theorie** geht davon aus, dass das Management zunächst versucht, Investitionen intern zu finanzieren, und erst in einem weiteren Schritt an die Fremdkapitalgeber herantritt, falls eine Innenfinanzierung nicht möglich ist.

Die Erhöhung des Eigenkapitals durch Eigenkapitalgeber wird nach dieser Theorie als die letzte Option angeführt. Die Pecking-Order-Theorie geht somit nicht von einem optimalen Verschuldungsgrad aus, sondern erklärt den sich ergebenden Verschuldungsgrad aus den Präferenzen des Managements. In der Bilanzanalyse könnte nach diesem Modell daher die Zuführung von Fremdkapital darauf hindeuten, dass das Management Investitionen durchführt, die intern nicht finanzierbar sind. Werden neue Eigenkapitalgeber aufgenommen, kann es darauf hindeuten, dass Fremdkapitalgeber nicht bereit sind, zusätzliches Fremdkapital zuzuführen. Schlussendlich versucht die **Market-Timing-Theory** den Verschuldungsgrad dadurch zu erklären, dass die Entscheidungsträger versuchen, die Eigenkapitalaufnahme optimal zu timen und Eigenkapital dann aufzunehmen, wenn sie davon ausgehen, dass das Eigenkapital des Unternehmens vom möglichen Eigenkapitalgeber überbewertet wird, und im Fall der Unterbewertung Eigenkapitalinstrumente durch das Unternehmen selbst rückzukaufen. Da der Rückkauf von Eigenkapitalinstrumenten durch das Unternehmen selbst bei börsennotierten Unternehmen stark reguliert ist, ist dieser eher selten anzutreffen, und sollte jedenfalls einer gesonderten Analyse unterzogen werden.

In der Praxis ist eine Ermittlung des optimalen Verschuldungsgrades für ein Unternehmen nur schwer möglich. Eine besonders hohe oder eine besonders niedrige Eigenkapitalquote sollte jedenfalls im Zuge der Bilanzanalyse hinterfragt werden. Beim Erwerb von Unternehmen wird von Banken nach unserer Erfahrung zumindest eine Eigenkapitalfinanzierungsquote von 20% verlangt. Nach *Kralicek* (2001) kann eine Eigenkapitalquote größer als 30% als sehr gut, größer als 20% als gut, größer als 10% als mittel und kleiner als 10% als schlecht betrachtet werden. Ein negatives Eigenkapital ist jedenfalls als insolvenzgefährdend anzusehen.

5.9.1.3. Kritische Würdigung der Eigenkapitalquote

Wie bereits mehrfach angeführt, sollte – sofern möglich – überprüft werden, ob die Eigenkapitalquote zu den Bilanzstichtagen auch tatsächlich repräsentativ für das Geschäftsjahr ist. Weiters sollte das Eigenkapital um immaterielles Anlagevermögen, insbesondere um Firmenwerte, gekürzt werden, da darin bereits zukünftige Gewinne eingepreist sind und die Bewertung einer erhöhten Unsicherheit unterliegt. Leasingverhältnisse, die auch als Finanzierungsleasing qualifiziert werden können, führen zu einer Bilanzverkürzung und damit ebenfalls zu einer Verbesserung der Eigenkapitalquote. Auch jede Saldierung, wie beispielsweise die Saldierung gewisser Vermögenswerte mit den Pensionsrückstellungen gemäß dHGB, führt zu einer Erhöhung der Eigenkapitalquote. Da das Eigenkapital alle Bewertungsunterschiede und Bewertungsspielräume umfasst, ist insbesondere bei einem Vergleich zwischen unterschiedlichen Rechnungslegungsregimen erhöhte Vorsicht geboten.

5.9.1.4. Überblick empirischer Werte der BACH-Datenbank für die teilnehmenden Länder

Die folgende Tabelle gibt einen Überblick über die Eigenkapitalquote von 2009 bis 2011 für ausgewählte Sektoren der NACE-Gliederung:

Sektor	Bezeichnung	2009	2010	2011
C	Verarbeitendes Gewerbe/Herstellung von Waren	34,91%	35,93%	36,94%
F	Baugewerbe/Bau	22,53%	23,10%	23,80%
G	Handel; Instandhaltung und Reparatur von Kraftfahrzeugen	32,18%	32,79%	32,69%
I	Gastgewerbe/Beherbergung und Gastronomie	28,35%	29,96%	29,35%
Z0	Gesamt ohne Holdinggesellschaften	33,34%	34,05%	33,79%

Tabelle 28: Eigenkapitalquote (Quelle: BACH)

5.9.2. Gearing

$$\text{Gearing} = \frac{\text{Verzinsliches Fremdkapital} - \text{Liquide Mittel}}{\text{Eigenkapital}}$$

5.9.2.1. Beispiel zur Berechnung des Gearing

Angabe:
Die Mayer GmbH weist in ihrer Bilanz zum Geschäftsjahresende Eigenkapital in Höhe von EUR 30.000 aus. Die Bilanzsumme beläuft sich auf EUR 110.000, wovon EUR 50.000 verzinsliches Fremdkapital betreffen. Auf der Aktivseite werden liquide Mittel in Höhe von EUR 10.000 ausgewiesen.

Lösung:

$$\text{Gearing} = \frac{50.000 - 10.000}{30.000} = 1{,}33$$

5.9.2.2. Interpretation des Gearing

Die Interpretation des **Gearing** erfolgt analog zur Eigenkapitalquote. Ein niedrigeres Gearing deutet auf ein geringeres Insolvenzrisiko hin. Ein zu niedriges Gearing kann aber auch darauf hindeuten, dass durch eine Erhöhung des Gearing die Rentabilität für die Eigenkapitalgeber erhöht werden könnte. Ein optimales Gearing ist daher im Allgemeinen nicht ermittelbar. Im Extremfall kann das Gearing auch negative Werte annehmen, wenn die liquiden Mittel das verzinsliche Fremdkapital übersteigen.

5.9.2.3. Kritische Würdigung des Gearing

Die Problembereiche ergeben sich im Allgemeinen analog zur Eigenkapitalquote. Zusätzlich stellt sich die Frage, ob langfristige Personalrückstellungen als verzinsliches oder unverzinsliches Fremdkapital interpretiert werden. Der konservative Ansatz ist die Interpretation als verzinsliches Fremdkapital. Durch das Auslassen von Zahlläufen vor dem Stichtag und die Rückführung von kurzfristigen Kreditlinien lässt sich im Rahmen der realen Bilanzpolitik diese Kennzahl bei weitem leichter beeinflussen als die Eigenkapitalquote.

5.9.2.4. Überblick empirischer Werte der BACH-Datenbank für die teilnehmenden Länder

Die folgende Tabelle gibt einen Überblick über das Gearing von 2009 bis 2011 für ausgewählte Sektoren der NACE-Gliederung:

Sektor	Bezeichnung	2009	2010	2011
C	Verarbeitendes Gewerbe/Herstellung von Waren	0,65	0,63	0,58
F	Baugewerbe/Bau	0,94	0,95	0,96
G	Handel; Instandhaltung und Reparatur von Kraftfahrzeugen	0,67	0,61	0,51
I	Gastgewerbe/Beherbergung und Gastronomie	1,31	1,19	1,25
Z0	Gesamt ohne Holdinggesellschaften	0,83	0,82	0,82

Tabelle 29: Gearing (Quelle: BACH)

5.9.3. Deckung 1., 2. und 3. Grades

$$\text{Deckung 1. Grades} = \frac{\text{Eigenkapital}}{\text{Anlagevermögen}}$$

$$\text{Deckung 2. Grades} = \frac{\text{Eigenkapital + langfristiges Fremdkapital}}{\text{Anlagevermögen}}$$

$$\text{Deckung 3. Grades} = \frac{\text{Eigenkapital + langfristiges Fremdkapital}}{\text{langfristiges Vermögen}}$$

5.9.3.1. Beispiel zur Berechnung der Deckung 1., 2. und 3. Grades

Angabe:
Die Mayer GmbH weist in ihrer Bilanz zum Geschäftsjahresende Eigenkapital in Höhe von EUR 30.000 aus. Das langfristige Fremdkapital beträgt EUR 50.000. Das langfristige Vermögen beträgt zum Stichtag insgesamt EUR 70.000, wovon EUR 50.000 auf das Anlagevermögen entfallen.

Lösung:

$$\text{Deckung 1. Grades} = \frac{30.000}{50.000} = 0{,}60$$

$$\text{Deckung 2. Grades} = \frac{30.000 + 50.000}{50.000} = 1{,}60$$

$$\text{Deckung 3. Grades} = \frac{30.000 - 50.000}{70.000} = 1{,}14$$

5.9.3.2. Interpretation der Deckungsgrade

Die Deckung 1. Grades ist von allen drei Deckungen die konservativste Kennzahl. Je höher die Deckungsgrade, desto besser ist die langfristige Liquidität gesichert. Es wird gefordert, dass der Deckungsgrad größer als eins ist und somit bei der Deckung 1. Grades das Anlagevermögen rein durch Eigenkapital finanziert ist. Diese Forderung ist im deutschsprachigen Raum auch als **Goldene Bilanzregel** bekannt. Die Deckung 3. Grades ist immer kleiner als die Deckung 2. Grades, aber größer als die Deckung 1. Grades. Ein Wert der Deckung 2. Grades größer als eins bedeutet, dass das langfristige Vermögen durch langfristiges Kapital finanziert ist. Diese Forderung wird im deutschsprachigen Raum als **Goldene Finanzierungsregel** bezeichnet. Die Kennzahl ist identisch mit dem Current Ratio. Die Deckung 3. Grades fordert lediglich, dass das Anlagevermögen durch das langfristige Kapital finanziert wird. Sie ist somit die am wenigsten konservative Finanzierungsregel. Insgesamt haben diese Kennzahlen aufgrund der Wirtschaftskrise 2008 nach unserer Erfahrung wieder an Bedeutung gewonnen, da durch die Kündigung kurzfristiger Kreditlinien durch Banken vor allem jene Unternehmen erhebliche Probleme hatten, bei denen die Fristenkongruenz nicht gegeben war.

5.9.33. Kritische Würdigung der Deckung 1., 2. und 3. Grades

Für alle **Deckungsgrade** gilt zunächst, dass die Fristenkongruenz trotz Erfüllens der Deckungsgrade nicht gegeben sein muss. Beispielsweise kann die mittlere Laufzeit des langfristigen Fremdkapitals nur zwei Jahre betragen, die mittlere Laufzeit des Anlagevermögens aber länger sein. Nach der Goldenen Finanzierungsregel wäre Fristenkongruenz gegeben, aber ökonomisch kann in zwei Jahren eine Refinanzierung des Anlagevermögens notwendig sein. Weiters können nicht berücksichtigte stille Reserven und stille Lasten die Kennzahl deutlich verfälschen. Schlussendlich fehlt – wie bereits bei den Kennzahlen der kurzfristigen statischen Liquidität – auch bei diesen Kennzahlen die dynamische Betrachtung.

5.9.3.4. Überblick empirischer Werte der BACH-Datenbank für die teilnehmenden Länder

Die folgende Tabelle gibt einen Überblick über die Deckungsgrade von 2009 bis 2011 für ausgewählte Sektoren der NACE-Gliederung:

Sektor	Bezeichnung	2009			2010			2011		
		D1	D2	D3	D1	D2	D3	D1	D2	D3
C	Verarbeitendes Gewerbe/Herstellung von Waren	0,79	1,39	1,35	0,84	1,40	1,35	0,87	1,40	1,33
F	Baugewerbe/Bau	0,98	1,99	1,89	0,98	1,99	1,87	0,98	2,02	1,84
G	Handel; Instandhaltung und Reparatur von Kraftfahrzeugen	1,07	1,63	1,57	1,10	1,66	1,52	1,06	1,59	1,50
I	Gastgewerbe/ Beherbergung und Gastronomie	0,43	1,02	1,00	0,44	1,01	0,99	0,41	1,00	0,98
Z0	Gesamt ohne Holdinggesellschaften	0,66	1,27	1,23	0,68	1,27	1,22	0,68	1,26	1,20

Tabelle 30: Deckungsgrade (Quelle: BACH)

5.10. Dynamische Kennzahlen der Liquidität

Anstelle der stichtagsbezogenen Bilanzdaten der statischen Liquiditätsanalyse werden bei der dynamischen Liquiditätsanalyse – auch oder ausschließlich – zeitraumbezogene Größen verwendet. Nachdem für die Sicherung der Liquidität im Wesentlichen die Zahlungsflüsse von Bedeutung sind, stehen zumeist Cashflowkenngrößen oder Näherungsgrößen für den Cashflow wie das

EBITDA im Vordergrund. Ein wichtiges Beispiel hierfür ist die **Schuldentilgungsdauer** (auch als **dynamischer Verschuldungsgrad bezeichnet) und die Cashflow-Rate.** Für Banken häufig von Interesse ist die **Interest Cover Ratio**, die angibt, wie oft der Zinsenaufwand durch das EBIT gedeckt ist.

5.10.1. Schuldentilgungsdauer (dynamischer Verschuldungsgrad)

$$\text{Schuldentilgungsdauer} = \frac{\text{Fremdkapital} - \text{Liquide Mittel}}{\text{Cashflow}}$$

5.10.1.1. Beispiel zur Berechnung der Schuldentilgungsdauer

Angabe:
Die Mayer GmbH weist in ihrer Bilanz zum Geschäftsjahresende Fremdkapital in Höhe von EUR 30.000 und liquide Mittel in Höhe von EUR 5.000 aus. Die Berechnung des Cashflows ergab einen operativen Cashflow in Höhe von EUR 4.000.

Lösung:

$$\text{Schuldentilgungsdauer} = \frac{30.000 - 5.000}{4.000} = 6{,}25 \text{ Jahre}$$

5.10.1.2. Interpretation der Schuldentilgungsdauer

Die **Schuldentilgungsdauer** gibt an, wie viele Jahre es dauert, bis das Unternehmen unter der Annahme gleichbleibender Zahlungsflüsse vollständig entschuldet ist. Teilweise wird – anstelle des Fremdkapitals abzüglich der liquiden Mittel – auch das gesamte Fremdkapital, nur das verzinsliche Fremdkapital oder auch das verzinsliche Fremdkapital abzüglich der liquiden Mittel herangezogen. Die Definition des Cashflows ist uneinheitlich. Teilweise wird der operative Cashflow, teilweise der Free Cashflow (operativer Cashflow zuzüglich Investitionscashflow) oder auch eine Näherung wie das EBITDA herangezogen. *Kralicek* (2001) geht vom sogenannten Praktikercashflow aus, bei dem das EBITDA um die Veränderung der langfristigen Rückstellungen korrigiert wird. Eine Schuldentilgungsdauer kleiner als drei Jahre wird von ihm als sehr gut, kleiner als fünf Jahre als gut, kleiner als zwölf Jahre als mittel und kleiner als 30 Jahre als schlecht angesehen. Eine Schuldentilgungsdauer größer als 30 Jahre gibt er als insolvenzgefährdend an.

5.10.1.3. Kritische Würdigung der Schuldentilgungsdauer

Wie bereits unter Kapitel 5.1.7. dargestellt, können Cashflowkenngrößen durch reale Bilanzpolitik gesteuert werden. Weiters unterliegen sie häufig sehr großen Schwankungen, wodurch die Kennzahl insgesamt sehr stark schwanken kann. Auch eine uneinheitliche Definition des operativen Cashflows kann zu Unterschieden führen, wenn beispielsweise ein Unternehmen gezahlte Zinsen dem operativen Cashflow, ein anderes dem Finanzierungscashflow zuordnet. Wird der operative Cashflow, das EBITDA oder der Praktikercashflow herangezogen, fehlen außerdem die Auszahlungen des Investitionscashflow, die jedoch in der Regel notwendig sind, bevor Fremdkapital zurückgezahlt werden kann. Schlussendlich führen auch Finanzierungsleasingvereinbarungen, die als operatives Leasing qualifiziert werden, zu einer Verzerrung der tatsächlichen Schuldentilgungsdauer, da das Fremdkapital dadurch zu gering dargestellt wird.

5.10.1.4. Überblick empirischer Werte der BACH-Datenbank für die teilnehmenden Länder

Die folgende Tabelle gibt einen Überblick über die Schuldentilgungsdauer von 2009 bis 2011 für ausgewählte Sektoren der NACE-Gliederung:

Sektor	Bezeichnung	2009	2010	2011
C	Verarbeitendes Gewerbe/Herstellung von Waren	8,05	6,30	6,90
F	Baugewerbe/Bau	10,12	10,27	13,55
G	Handel; Instandhaltung und Reparatur von Kraftfahrzeugen	7,57	6,80	7,42
I	Gastgewerbe/Beherbergung und Gastronomie	10,87	9,01	9,47
Z0	Gesamt ohne Holdinggesellschaften	7,23	6,20	7,32

Tabelle 31: Schuldentilgungsdauer (Quelle: BACH)

5.10.2. Cashflow-Rate

$$\text{Cashflow-Rate} = \frac{\text{Cashflow}}{\text{Umsatz}}$$

5.10.2.1. Beispiel zur Berechnung der Cashflow-Rate

Angabe:
Die Mayer GmbH weist in ihrer Erfolgsrechnung einen Umsatz in Höhe von EUR 110.000 aus. Eine Berechnung des Cashflows ergab einen operativen Cashflow in Höhe von EUR 4.000.
Lösung:

$$\text{Cashflow-Rate} = \frac{4.000 - 5.000}{110.000} = 3{,}63\%$$

5.10.2. Interpretation der Cashflow-Rate

Die **Cashflow-Rate** ist ähnlich den Kennzahlen der Umsatzrentabilität und gibt an, wie viel Prozent des Umsatzes zu einer Einzahlung führen. Eine hohe Cashflow-Rate deutet darauf hin, dass das Unternehmen im Zuge des Umsatzprozesses hohe liquide Mittel freisetzt, die für Investitionen oder zur Bedienung der Kapitalgeber genutzt werden können. Wie bei der Umsatzrentabilität kann hier anstelle des Umsatzes die Gesamtleistung herangezogen werden. Für den Cashflow können auch Näherungen wie der Praktikercashflow oder das EBITDA verwendet werden. Bei Verwendung des EBITDA ist die Kennzahl identisch mit der Umsatzrentabilität (EBITDA). *Kralicek* (2001) bezieht sich auch hier wieder auf den Praktikercashflow sowie auf die Betriebsleistung. Er stuft eine Cashflow-Rate von mehr als 10% als sehr gut, von mehr als 8% als gut, von mehr als 5% als mittel und von weniger als 5% als schlecht ein. Ein negativer Wert deutet auf eine Insolvenzgefährdung hin.

5.10.3. Kritische Würdigung der Cashflow-Rate

Auch bei dieser Kennzahl ist, wie bereits in Kapitel 5.1.7. und 5.9.2. dargestellt, vor allem die Beeinflussung im Rahmen der realen Bilanzpolitik und der hohen Schwankung problematisch. Weiters können sich auch bei der Cashflow-Rate Probleme durch unterschiedliche Cashflow-Definitionen und durch die Verwendung von Leasingverträgen ergeben.

5.10.4. Überblick empirischer Werte der BACH-Datenbank für die teilnehmenden Länder

Die folgende Tabelle gibt einen Überblick über die Cashflow-Rate von 2009 bis 2011 für ausgewählte Sektoren der NACE-Gliederung:

Sektor	Bezeichnung	2009	2010	2011
C	Verarbeitendes Gewerbe/Herstellung von Waren	7,13	8,58	7,60
F	Baugewerbe/Bau	7,62	7,72	5,90
G	Handel; Instandhaltung und Reparatur von Kraftfahrzeugen	3,73	4,11	3,92
I	Gastgewerbe/Beherbergung und Gastronomie	7,26	8,80	8,85
Z0	Gesamt ohne Holdinggesellschaften	8,60	9,71	8,50

Tabelle 32: Cashflow-Rate (Quelle: BACH)

5.10.3. Interest Cover Ratio

$$\text{Interest Cover Ratio} = \frac{\text{EBIT}}{\text{Zinsaufwendungen}}$$

5.10.3.1. Beispiel zur Berechnung des Interest Cover Ratio

Angabe:
Die Mayer GmbH erwirtschaftet im Geschäftsjahr ein Operating Income in Höhe von EUR 23.000. Die Erträge aus Finanzanlagen des Geschäftsjahres betrugen EUR 1.000. Abschreibungen in Höhe von EUR 10.000 wurden in der Gewinn-und-Verlustrechnung erfasst. Weiters sind

Zinsen in Höhe von EUR 2.000 angefallen. An Steueraufwendungen wurden EUR 5.000 erfasst.
Lösung:

$$\text{Interest Cover Ratio} = \frac{23.000 + 1.000}{2.000} = 12$$

5.10.3.2. Interpretation der Interest Cover Ratio
Eine hohe **Interest Cover Ratio** deutet darauf hin, dass die Fremdkapitalzinsen im Ergebnis des Unternehmens Deckung finden und daher zukünftige Zinsenzahlungen nicht gefährdet sind. In der Praxis findet sich nach unserer Erfahrung ein Wert größer als drei häufig in Kreditverträgen.

5.10.3.3. Kritische Würdigung der Interest Cover Ratio
Vor allem die Qualität des EBIT ist entscheidend für die Qualität der Kennzahl. Weiter können Leasingvereinbarungen zu einer starken Verfälschung der Kennzahl führen, falls die impliziten Zinsen der Leasingvereinbarung nicht im Zinsenaufwand enthalten sind. Sind Zinsen für Personalrückstellungen enthalten, sollten diese besser vom EBIT und vom Zinsenaufwand in Abzug gebracht werden, da es sich typischerweise um keine gezahlten Zinsen handelt.

5.10.3.4. Überblick empirischer Werte der BACH-Datenbank für die teilnehmenden Länder
Die folgende Tabelle gibt einen Überblick über die Interest Cover Ratio von 2009 bis 2011 für ausgewählte Sektoren der NACE-Gliederung:

Sektor	Bezeichnung	2009	2010	2011
C	Verarbeitendes Gewerbe/Herstellung von Waren	2,49	4,56	3,78
F	Baugewerbe/Bau	2,70	3,06	1,53
G	Handel; Instandhaltung und Reparatur von Kraftfahrzeugen	3,83	5,78	4,07
I	Gastgewerbe/Beherbergung und Gastronomie	0,70	1,43	1,00
Z0	Gesamt ohne Holdinggesellschaften	2,94	4,27	2,92

Tabelle 33: Interest Cover Ratio (Quelle: BACH)

5.11. Risikokennzahlen

Kennzahlen des operativen Risikos geben Auskunft darüber, wie hoch das Risiko aus dem Geschäftsfeld des Unternehmens ist. Neben der bereits in Kapitel 5.3.2. dargestellten **Umsatzvolatilität** kann auch der **Operative Leverage** dazu gezählt werden.

5.11.1. Operativer Leverage

$$\text{Operativer Leverage} = \frac{1}{n} \cdot \sum_{i=1}^{n} \left| \frac{\%\text{ Veränderung Operating Income}}{\%\text{ Veränderung Umsatz}} \right|$$

5.11.1.1. Beispiel zur Berechnung des Operativen Leverage

Angabe:
Die Mayer GmbH erwirtschaftet im Geschäftsjahr einen Umsatz von EUR 110.000, im Vorjahr einen Umsatz von EUR 100.000 und im Vorvorjahr einen Umsatz von EUR 105.000. Im selben Zeitraum entwickelt sich das Operating Income von EUR 30.000 im Geschäftsjahr auf EUR 15.000 im Vorjahr und EUR 20.000 im Vorvorjahr.
Lösung:

$$\text{Operativer Leverage} = \frac{1}{2} \cdot \left(\frac{\frac{30.000}{15.000} - 1}{\frac{110.000}{100.000} - 1} + \frac{1 - \frac{15.000}{20.000}}{1 - \frac{110.000}{105.000}} \right) = 7{,}63$$

5.11.1.2. Interpretation des Operativen Leverage im Zuge der Bilanzanalyse

Weist ein Unternehmen ausschließlich variable Kosten auf, ist das Operating Income ein fixer Prozentsatz der Umsatzerlöse und der **Operative Leverage** beträgt eins. Werden variable Kosten durch Fixkosten ersetzt, schwankt für gewöhnlich das Operating Income stärker als der Umsatz, woraus folgt, das der Operative Leverage größer als eins ist. Ein Operativer Leverage von null bedeutet, dass das Operating Income trotz schwankender Umsätze konstant bleibt. Ein hoher Operativer Leverage bedeutet somit ein erhöhtes operatives Risiko, da geringe Schwankungen im Umsatz bereits hohe Auswirkungen auf das Operating Income haben können.

5.11.1.3. Kritische Würdigung des Operativen Leverage

Zunächst ist die Aussagekraft im Wesentlichen abhängig von der Qualität des Operating Income, wie bereits unter Kapitel 5.2.3. dargestellt. Kann weiters ein Unternehmen bei sinkenden Umsätzen gleichzeitig das Operating Income durch überproportionalen Abbau der Kosten oder Steigerung des Rohertrags erhöhen, ist die Interpretation der Kennzahl problematisch, da ein höherer Wert in diesem Fall auf ein geringeres operatives Risiko hindeutet. Ein Vergleich mit anderen Unternehmen kann daher zu zweideutigen Ergebnissen führen.

5.11.1.4. Überblick empirischer Werte der BACH-Datenbank für die teilnehmenden Länder

Die folgende Tabelle gibt einen Überblick über den Operativen Leverage von 2009 bis 2011 für ausgewählte Sektoren der NACE-Gliederung:

Sektor	Bezeichnung	2009	2010	2011	09-11
C	Verarbeitendes Gewerbe/Herstellung von Waren	0,22	3,17	14,73	4,62
F	Baugewerbe/Bau	24,86	849,77	57,50	160,01
G	Handel; Instandhaltung und Reparatur von Kraftfahrzeugen	8,31	8,02	13,89	10,00
I	Gastgewerbe/Beherbergung und Gastronomie	122,40	2,81	3,60	24,60
Z0	Gesamt ohne Holdinggesellschaften	2,12	3,66	2,49	2,74

Tabelle 34: Operativer Leverage (Quelle: BACH)

5.12. Das DuPont-Kennzahlensystem

Das wahrscheinlich bekannteste Kennzahlensystem ist das **DuPont-Kennzahlensystem**. Es erfreut sich vor allem auch deshalb großer Beliebtheit, da es sehr gut die Stellhebel für den wirtschaftlichen Erfolg eines Unternehmens beschreibt. Es handelt sich, wie in Kapitel 4.3.3. erwähnt, um ein Spitzenkennzahlensystem mit dem **Return on Investment (ROI)** an der Spitze. Der ROI wird dabei als Ergebnis des Produkts der Umschlagshäufigkeit des eingesetzten Kapitals und der Umsatzrentabilität dargestellt.

5.12.1. DuPont-System

$$\text{Return Investement (ROI)} = \frac{\text{Gewinn}}{\text{Umsatzerlöse}} \cdot \frac{\text{Umsatzerlöse}}{\text{eingesetztes Kapital}}$$

5.12.1.1. Beispiel zur Berechnung des DuPont-Systems

Angabe:
Die Mayer GmbH weist in ihrem Jahresabschluss zum Geschäftsjahresende eine Bilanzsumme in Höhe von EUR 110.000 bei einem Umsatz von EUR 80.000 und einem EBIT von EUR 24.000 aus. Die Bilanzsumme zu Beginn des Jahres betrug EUR 100.000.
Lösung:

$$\text{ROI (Gesamtkapital)} = \frac{24.000}{80.000} \cdot \frac{80.000}{\frac{1}{2} \cdot (110.000 + 100.000)} = 0{,}3 \cdot 0{,}76 = 22{,}9\%$$

5.12.1.2. Interpretation des DuPont-Kennzahlensystems
Die Rentabilität des Vermögens wird als das Produkt der Umsatzrentabilität und der Umschlagshäufigkeit des eingesetzten Kapitals dargestellt. Eingesetztes Kapital kann beispielsweise das Eigenkapital oder das Gesamtkapital sein. Der ROI wäre im Fall des Eigenkapitals mit der Eigenkapitalrentabilität, im Fall des Gesamtvermögens mit der Gesamtkapitalrentabilität gleichzusetzen. Selbstverständlich lässt sich der ROI auch direkt errechnen ohne den Umweg über die Umsatzrentabilität und die Umschlagshäufigkeit des eingesetzten Kapitals. Für das DuPont-Kennzahlensystem gilt allerdings Ähnliches wie

für die Cashflowrechnung: „Der Weg ist das Ziel". Durch die Aufteilung in das Produkt zweier Kennzahlen ist ersichtlich, dass sich die Rentabilität der Investition entweder steigern lässt, indem der Umschlag des eingesetzten Kapitals erhöht wird, oder indem die Umsatzrentabilität verbessert wird. Ein typisches Beispiel für Unternehmen mit hohem Umschlag des eingesetzten Kapitals aber geringer Umsatzspanne wäre der Supermarkt. Umgekehrt kann aber auch trotz eines geringen Umschlags des eingesetzten Vermögens eine hohe Rentabilität erzielt werden, sofern die Umsatzrentabilität hoch ist, wie beispielsweise bei einem Juwelier.

5.12.1.3. Kritische Würdigung des DuPont-Systems

Da es sich lediglich um eine Kombination aus verschiedenen, bereits dargestellten, Kennzahlen handelt, sei an dieser Stelle auf die entsprechenden Kapitel zu den verwendeten Kennzahlen verwiesen. Einer der am häufigsten anzutreffenden Kritikpunkte am DuPont-System ist die ausschließliche Fokussierung auf Finanzkennzahlen, der sich auch insgesamt auf die Bilanzanalyse übertragen lässt. Verschiedene neuere Ansätze wie beispielsweise die **Balanced Score Card** versuchen, dieser Kritik durch die Integration anderer nicht finanzieller Kennzahlen in die Betriebsanalyse und Steuerung entgegenzuwirken. Für den externen Analysten ist diese Erweiterung im Regelfall jedoch nur sehr eingeschränkt möglich.

5.12.1.4. Überblick empirischer Werte der BACH-Datenbank für die teilnehmenden Länder

Die folgende Tabelle gibt einen Überblick über die Deckungsgrade von 2009 bis 2011 für ausgewählte Sektoren der NACE-Gliederung:

Sektor	Bezeichnung	2009			2010			2011		
		GKR	UR	UGK	GKR	UR	UGK	GKR	UR	UGK
C	Verarbeitendes Gewerbe/Herstellung von Waren	3,35%	3,24%	1,03	5,79%	5,16%	1,12	4,77%	4,24%	1,12
F	Baugewerbe/Bau	4,86%	5,40%	0,90	4,79%	5,42%	0,88	3,42%	3,94%	0,87
G	Handel; Instandhaltung und Reparatur von Kraftfahrzeugen	5,38%	2,54%	2,12	6,60%	2,93%	2,26	5,98%	2,87%	2,08
I	Gastgewerbe/ Beherbergung und Gastronomie	1,81%	2,16%	0,84	3,05%	3,48%	0,88	3,11%	3,95%	0,79
Z0	Gesamt ohne Holdinggesellschaften	4,49%	5,55%	0,81	6,57%	7,69%	0,85	5,51%	6,46%	0,85

Tabelle 35: DuPont (Quelle: BACH)

Weiterführende Literatur

Die Literatur zur Bilanzanalyse ist sehr umfangreich. Je nach Zielsetzung gibt es von der allgemeinen Einführung bis hin zur Fachliteratur für spezielle Teilbereiche der Bilanzanalyse ein breites Sammelsurium an Veröffentlichungen. Die folgende Tabelle ist nur ein kleiner Ausschnitt dieser umfassenden Literatur.

Autor	Titel	Verlag
Wagenhofer	Bilanzierung & Bilanzanalyse	Linde
Egger/Samer/Bertl	Der Jahresabschluss nach dem Unternehmensgesetzbuch – Band 1	Linde
Kralicek/Böhmdorfer/Kralicek	Kennzahlen für die Geschäftsführer	Ueberreuter
Küting/Weber	Die Bilanzanalyse	Schäffer-Poeschel

Literaturverzeichnis

BACH database: ECCBSO, Banco de España, Banco de Portugal, Banque de France, Czech National Bank (in cooperation with the Czech Statistical Office), National Bank of Belgium, National Bank of Poland (calculations of National Bank of Poland on the basis of the data from the Central Statistical Office), Centraal Bureau voor de Statistiek (the Netherlands), Centrale dei Bilanci – Cerved srl, Deutsche Bundesbank, Statec Luxembourg, National Bank of Slovakia (calculations based on data from the Ministry of Finance), Oesterreichische Nationalbank [abgerufen am 11.1.2013].

Barton, Jan/Hansen, Thomas Bowe & Pownall, Grace, 2010: Which Performance Measures Do Investors Around the World Value the Most – And Why? The accounting review: a journal of the American Accounting Association, 2010 (3), S. 753–791.

Dücker, Hannes & Wagenhofer, Alfred, 2007: Die Messung von „Earnings"-Qualität. Journal für Betriebswirtschaft: JfB; State-of-the-art-Reviews der internationalen betriebswirtschaftlichen Forschung, 2007 (3), S. 263–298.

Hogan, Chris E./Rezaee, Zabihollah/Riley, Richard A. & Velury, Uma K., 2008: Financial Statement Fraud – Insights from the Academic Literature. Auditing: a journal of practice & theory, 2008 (2), S. 231–252.

Kralicek, Peter/Böhmdorfer, Florian & Kralicek, Günther: Kennzahlen für Geschäftsführer: Bilanzanalyse und Jahresabschlussszenarien; Controlling und Cash-Management; Investitionsentscheidungen und Unternehmensbewertung. 5., vollst. aktual. und erw. Aufl. München, mi-Fachverlag 2008.

Abbildungsverzeichnis

Abbildung 1: Adressaten der Bilanzanalyse 10
Abbildung 2: Ziele der Bilanzanalyse 11
Abbildung 3: Bilanz gemäß § 224 UGB 22
Abbildung 4: Das Gesamtkostenverfahren gemäß § 231 Abs 2 UGB 24
Abbildung 5: Das Umsatzkostenverfahren gemäß § 231 UGB 25
Abbildung 6: Bilanz nach § 266 dHGB 31
Abbildung 7: Das Gesamtkostenverfahren gemäß § 275 dHGB 32
Abbildung 8: Das Umsatzkostenverfahren gemäß § 275 dHGB 33
Abbildung 9: Die Aktivseite der BACH-Bilanz 41
Abbildung 10: Die Passivseite der BACH-Bilanz 42
Abbildung 11: Die BACH-Gewinn-und-Verlustrechnung 43
Abbildung 12: Die BACH Notes-Angaben 44
Abbildung 13: Schematische Ermittlung des Cashflows 49
Abbildung 14: Schematische Ermittlung des operativen Cashflows 49
Abbildung 15: Schematische Darstellung des Investitionscashflows 50
Abbildung 16: Schematische Darstellung des Finanzierungscashflows 50
Abbildung 17: Ergebniskenngrößen 52

Tabellenverzeichnis

Tabelle 1: Institutionen der österreichischen Rechnungslegung 18
Tabelle 2: Kommentare der Rechnungslegung nach UGB 18
Tabelle 3: Grundsätze ordnungsmäßiger Buchführung nach UGB 20
Tabelle 4: Institutionen der deutschen Rechnungslegung 28
Tabelle 5: Kommentare der Rechnungslegung nach dHGB 28
Tabelle 6: Grundsätze ordnungsmäßiger Buchführung gemäß dHGB 29
Tabelle 7: Bezugsquellen Jahresabschlussdaten 36
Tabelle 8: Umsatzwachstum 60
Tabelle 9: Sachanlagenintensität 64
Tabelle 10: Vorratsintensität 66
Tabelle 11: Forderungsintensität 68
Tabelle 12: Personalintensität 69
Tabelle 13: Materialintensität 71
Tabelle 14: Investitionsdeckung 73
Tabelle 15: Umschlagshäufigkeit des Vermögens 77
Tabelle 16: Umschlagshäufigkeit des Sachanlagevermögens 79
Tabelle 17: Umschlagshäufigkeit des Eigenkapitals 81
Tabelle 18: Rohertragsmarge 83
Tabelle 19: Umsatzrentabilität (EBIT) 85
Tabelle 20: Gesamtkapitalrentabilität 87
Tabelle 21: Eigenkapitalrentabilität 90
Tabelle 22: ROIC 92
Tabelle 23: Current, Quick und Cash Ratio 95
Tabelle 24: Umschlagshäufigkeit der Forderungen aus Lieferungen und Leistungen 97
Tabelle 25: Umschlagshäufigkeit der Vorräte 99
Tabelle 26: Umschlagshäufigkeit der Verbindlichkeiten aus Lieferungen und Leistungen 101
Tabelle 27: Cash Conversion Cycle 103
Tabelle 28: Eigenkapitalquote 106
Tabelle 29: Gearing 108
Tabelle 30: Deckungsgrade 110

Tabelle 31: Schuldentilgungsdauer 112
Tabelle 32: Cashflow-Rate 114
Tabelle 33: Interest Cover Ratio 115
Tabelle 34: Operativer Leverage 117
Tabelle 35: DuPont 120

Stichwortverzeichnis

Abschmelzraten 44
Absolutwerte 43
Adressaten der Bilanzanalyse 10
Anlagenabnutzungsgrad 73

BACH 41
Beziehungskennzahlen 44
Bilanz
Bilanzidentität 20
Bilanzklarheit 20
Bilanzkontinuität 20
Bilanzvorsicht 21
Buchführung, Grundsätze
- gemäß dHGB 29
- gemäß UGB 19

Cash Conversion Cycle 101
Cash Ratio 93
Cashflow
- Ermittlungsmethoden 48
- operativer 49
Cashflow-Rate 113
Cashflowrechnung
Common Size Financial Statements 61
Current Ratio 93

Daten
- Aufbereitung 37
- Bereinigung 37
- Bezugsquellen 36
- Verfügbarkeit 12
- Vergleichbarkeit 12
- Verlässlichkeit 12

Deckungsgrade 108
Directors Report, siehe Lagebericht
DuPont 117
EBIT 57
- adjusted 54, 57
EBITDA 54
Effizienz, operative 74
Eigenkapitalrentabilität 87
Eigenkapitalveränderungsrechnung 15
Ergebniskenngrößen 52
- Qualität 53

Finanzierungscashflow 50
Forderungsintensität 66

Gearing 106
Gesamtkapitalrentabilität 86
Gesamtkostenverfahren 23
Gesamtleistung 62
Gesetzeskommentare
Gewinn-und-Verlustrechnung
- Allgemein 14
- BACH 42
- gemäß UGB 23
- einheitliche 40
Gliederungskennzahl 43
Goldene Bilanzregel 109
Goldene Finanzierungsregel 109

Indexzahlen 44
Intensität 61
Interessensgruppen 10
Interest Cover Ratio 114

Investitionsanalyse, 71
Investitionscashflow 50
Investitionsdeckung 71
Jahresabschluss
- Allgemein 14
- Anhang 14
- gemäß dHGB 27
- gemäß UGB 18
Kenngrößen 48
Kennzahlen, 43
- Anteil 43
Kennzahlensysteme 44
Kommentare zum dHGB 28

Lagebericht 15
Liquidität
- dynamische 110
- statische 92, 103

Market-Timing-Theory 105
Materialintensität 69
Modigliani-und-Miller-Theorem 104

Net Income 58

Operating Income 56
Operativer Leverage 116

Pecking-Order-Theorie 104
Peer Group 44
Personalintensität 68
Praktikercashflow 111

Quick Ratio 93

Rentabilität, operative 81

Return on Total Invested Capital 90
Risikokennzahlen 61, 116
Rohertragsmarge 81
Sachanlagenintensität 63
Schuldentilgungsdauer 111
Spitzenkennzahlensystem 44
Stille Lasten 39
Stille Reserven 38

Trade-off-Theorie 104

Umsatzkostenverfahren 23
Umsatzrentabilität 84
Umsatzvolatilität 60
Umsatzwachstum 58
Umschlagshäufigkeit
- der Forderungen aus Lieferungen und Leistungen 95
- der Verbindlichkeiten aus Lieferungen und Leistungen 99
- der Vorräte 97
- des Eigenkapitals 79
- des Sachanlagevermögens 77
- des Vermögens 75
Unternehmensgesetzbuch (UGB) 18, 22

Verhältniskennzahlen 44
Verschuldungsgrad, siehe Schuldentilgungsdauer
Vorratsintensität 64

Wachstumsraten 44
Wahlrechte, Bereinigung 37, 38

Ziele der Bilanzanalyse 11